JN091091

学校統廃合と公共施設の複合化・民営化

PPP/PFIの実情 Public Private Partnership /
Private Finance Initiative

山本由美・尾林芳匡 著

自治体研究社

まえがき

　いま、多くの地域で学校統廃合と公共施設の「複合化」が進められています。学校統廃合を推進する行政は、「小規模校は教育的効果が低い」「切磋琢磨できない」といった科学的根拠のない俗説をあげて、保護者を不安にさせて運動から分断することを長年行ってきました。同様に公共施設の「複合化」についても行政はさまざまなメリットをあげています。しかし、それらは必ずしも科学的根拠のあるものではありません。

　そのような流れの中、「民営化」の手法であるPPP/PFIが公共施設再編に活用されるようになっています。そこでも「コスト削減」「民間の優れたサービス」といった「根拠」が多用されています。しかし、例えばPFI先進国だったイギリスは、会計検査院による調査の結果、効果が出でおらず弊害も多かったことから2018年にPFIを事実上廃止しています。日本でも、その「根拠」は果たして正しいのか、慎重な検証が必要でしょう。

　本書の目的は、学校施設再編における「複合化」「民営化」の手法の真のねらいとそれに対する対抗軸を明らかにすることです。

　Ⅰで、今起きている事態とその問題点について、各地の学校統廃合問題に多く関わる著者が指摘し、ⅡでPPP/PFIの法制度に詳しい尾林芳匡弁護士が、その原理と課題について展開しています。一貫しているのは「統廃合や共用を推進する議論にあたって、憲法上の権利としての、学校施設で子どもの教育を受ける権利を後退させない」という点です。

　そして、Ⅱでは「公共サービス」に共通することが求められる視点と

3

して①専門性・科学性、②人権保障と法令遵守、③実質的平等性、④民主性、⑤安定性をあげています。そのような点から、対抗軸の可能性を見据えることができたらと思います。

　いま、東京の市部で先行的に進められる公共施設「複合化」に伴う学校統廃合は、時には「学校統廃合」という言葉すら用いられず、本来であれば教育行政が行うべき関係者による合意形成の手続きを無視して行われる傾向があります。さらに、学校や公共施設を廃止し、地域の自然を破壊するなど、「コモン＝社会的資本」を実質こわす施策を進めながら、地域の「コモンズ」を新たにつくっていくのだ、とうそぶく自治体まで現れています。

　東京では2000年代前半に「学校自治」を壊していくような施策が次々と行われましたが、いま公民館や図書館を実質廃止し、機能縮小しようとしている動きは「住民自治」の破壊につながります。

　それに対して、地域の児童館や図書館を守りたい、巨大再開発から生活圏のコミュニティを守りたい、という市民の声が、例えば都内中央線沿線の自治体で新たな首長を選出する力になっています。新自由主義に対する地域の対抗軸が形成されつつあります。

　各地域で、子どもたちのために必死で学校や施設を守る運動を進めている市民のために本著が役立つこと、そして更なる大きな力の結集に寄与することを心から願います。

2024年2月

山本由美

目次

学校統廃合と公共施設の複合化・民営化
PPP/PFI の実情

I

学校統廃合の新しい段階と対抗軸の可能性

―学校施設の複合化、民営化―

山本由美

第1章

学校統廃合と PPP/PFI

1　学校統廃合と PPP/PFI

　全国の多くの自治体で、学校統廃合が行われています。**図表I−1**に
みるように、2000年代に入ってから廃校数は増加し、毎年300〜600
校の小・中・高校が廃止されています。

　学校統廃合は子どもや大人の生活、そして地域の存続にとっても大
きな影響を与える施策です。それは、教育行政による「教育的な根拠」
のもとに、関係するさまざまな人たちによる合意形成の手続きを経て
行われるものです。

　なぜならば、学校は子どもの教育権を保障する施設であり、その権
利を実現するために国及び地方公共団体は学校設置義務を有している
からです。財政的な理由で勝手に学校を廃止し、一部の子どもにだけ
不当に通学距離を延ばすなど教育条件を低下させることは本来許され
ないのです。少なくとも、「（統廃合が）特定の児童ないし保護者に著
しく過重な負担を課し、通学を事実上不可能にする」などの施策を行
った場合には、行政は裁量権を逸脱したと判断されます。

　そのために、従来、学校統廃合を行う場合は、教育委員会が、子ども
のために実施すると「教育的」な「理由」をあげて、立ち上げた審議
会や検討委員会に学校の「適正配置・適正規模」のあり方などを「諮

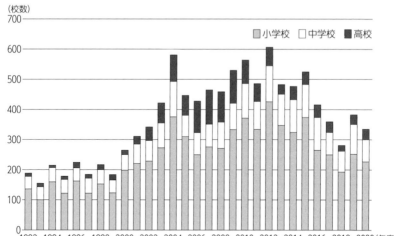

図表Ⅰ-1　公立小中高の年度別廃校数推移

出所：文部科学省「令和３年度 公立小中学校等における廃校施設及び余裕教室の活用状況について」より筆者作成。

問」するのです。

　そのような会は、合意形成のために保護者、地域住民、学識経験者、教職員といった各層代表と一般には公募委員も加えて構成されます。そこで一定期間の審議を経て結論をまとめてから「答申」を提出するといった手続きを踏むのです。また、「答申」が出てからも、教育委員会は、保護者説明会、地域説明会で説明を繰り返して、正式な統合「案」を作成するための合意形成に努めるのが教育条理に則った方法です。

　しかしながら、近年、そのような子どもの教育権、教育論をかなぐり捨てたような、時には学校統廃合という用語さえも使わないような事態が出現しています。これは全国でみられる現象ですが、特に東京都の市部で急激に、公共施設の「複合化」「多機能化」などの手法を伴いながら、教育論を無視した、表向きも「子どものため」とは言えな

い学校統廃合が出現しているのです。

　2014年に国がスタートした「地方創生」政策は、「公共サービスの産業化・民営化」を推進する施策とも言えます。その中でも2014〜16年度に総務省がすべての自治体に策定を「要請」した「公共施設等総合管理計画」は、将来の自治体の人口減、税収減に応じた公共施設の総量の見直しを求めるものですが、その中で、PPP/PFIの推進が積極的に進められます。それは、公共施設再編の中で公の中に新しい市場をつくり、産業を活性化させていくとともに市民へのサービスを拡充するものである、といった宣伝が多用されます。

　この、PPP（Public Private Partnership）/PFI（Private Finance Initiative）ですが、PPPは「公民連携」として、公共サービスを民間事業者の資金やノウハウに基づいて行う手法全般を指し、PFIは、設計、建設、維持などの一連の公共事業を民間に委託する手法の1つとして用いられます。詳しい定義や手法については、本書のⅡで展開されます。

　多くの自治体で人口が減少し税収も減る中、今ある公共施設をすべて維持した場合、将来の改修に際して財源が不足することが予想されます。それに対して、すべての公共施設を総延床面積で捉え、予めその総量を減らしていく計画を自治体に立てさせるのが、「公共施設等総合管理計画」です。時には、例えばある自治体では、計画策定期間は40年間で施設を「40％削減」する、といった数値目標が掲げられます。そして、自治体は総量を減らすために、全施設の30〜65％を占める学校施設をしばしば再編のターゲットにするのです。

　計画の中で、公共施設再編の手法としては、施設の「複合化」「多機能化」などが用いられます。「複合化」とは、異なった機能を持つ施設を1つにまとめるものです。例えば、学校と学童保育と図書館を1施設にまとめる、といった施策が行われます。「多機能化」とは1施設に

複数の異なった役割を担わせるものです。学校図書館と市民向け図書館を同一施設にするといったケースがこれに当たります。

　東京都の東村山市では、施設の「複合化」を計画する中で、実質的には2つの学校の統廃合を行うのに、施設の「集約」という表現が使われています。さらには三鷹市では、2つの小学校が同じ場所に「移転」するといった表現が使われます。いずれも施策を学校統廃合として捉えないので、丁寧な保護者、住民らの合意形成の手続きが取られることもないのです。また、PFIのモデル地区とも紹介される町田市では、公共施設等総合管理計画を背景に、市内小・中学校の3分の1を廃止するような大規模統廃合計画が進められています。しかしどの学校を廃校にするのか、新しい学校はどこにどんな学校をつくるのかなど一番重要なことに対しては、保護者や住民の意見が反映されることがないのです。これらの自治体では、いずれも市民による学校統廃合に対する反対運動が起きています。

　そのような、「民営化」の手法であるPPP/PFIなどを活用した学校統廃合、教育論を無視したような新しいタイプの学校統廃合がどのような経緯で行われるようになってきたのか、どのような課題を持つものであるのか、考えてみたいと思います。

　ここでは、対象を次のように捉えます。

① 　直接PPP/PFIを活用する学校統廃合
② 　PPP/PFIを含む方向性を有した「公共施設等総合管理計画」を背景とする学校統廃合

　いま、全国で進められる学校統廃合は、必ずと言ってよいほど、2014年にスタートした「地方創生」政策の中の「公共施設等総合管理計画」を背景として行われています。

その中で、計画の当初から PPP/PFI の手法を用いると公言している自治体もあります。しかし、それを表向きには掲げないまでも、適当にはぐらかしながらその手法で進めていく自治体もあります。また総体的にみて「公共施設等総合管理計画」が PPP/PFI の手法を志向している自治体も多いのです。後者も含めて、現在行われつつある、教育論を背景としない学校統廃合について取り上げていきたいと思います。

2　学校統廃合におけるこれまでの教育条理の蓄積

　それでは、学校統廃合とは、これまでどのように行われてきたのでしょうか。

　戦後、学校統廃合には 3 回のピークがあったと社会学者の若林敬子は分析しています[1]。第 1 に 1950 年代における昭和の大合併期があげられます。政府からみて行政効率性がよくない小規模な自治体の合併を誘導するために、中学校の統合が活用されました。すなわち「義務教育諸学校等の施設費の国庫負担等に関する法律施行令」が制定され、統合校舎建設の場合は 2 分の 1 が国庫負担とされたのです。多くの小さな自治体では、1947 年に義務化されたばかりの新制中学校校舎を新設し、新たな自治体のシンボルとすることを「理由」に自治体合併と統廃合が行われていきました。その際 8 千人の規模の自治体に 1 中学を開設することが行政効率性からみて望ましいとされ、その場合の中学校の学級数「12 学級以上 18 学級以下」が、学校教育法施行規則 41 条に「標準」学級数として定められたのです。しかしこの数字は、子どもの教育にとって意味のあるものではありませんでした。また 1957 年に出された最初の文部科学省（以下、文科省）による統廃合「手引き」では、小規模校は、第 1 に特別教室が配置しにくいなど「施設整備の配置」の課題、第 2 に中学校で各教科担当者が置けなくなるなど

「教員定数の充実」の課題の2点から問題であるとされています。この時期には、「子どもの成長・発達にとって小規模校は問題がある」、「小規模校は教育的効果が低い」といった今日のような理由があげられることはなかったのです。

　第2の学校統廃合のピークは、1970年代に過疎地対策緊急措置法によって統合校舎の国庫負担が2分の1から3分の2にまで引き上げられた数年間です。高度経済成長期に大都市部への人口集中が起きたことを背景に、過疎地の多くの学校、特に施設が老朽化した小学校が廃校対象となりました。また学校が「12学級以上〜18学級以下」に達しない場合に、機械的に統合されるケースが多発しました。そのような急増する統廃合を阻止しようと保護者や住民が運動を起こしたケースも多く、統廃合裁判もこの時期に多く起きています。

　このような統廃合による混乱や、地域の学校を失った子どもの惨状が国会で問題とされたことなどから、1973年に文部省はいわゆる「Uターン通達」と称される通達を出すなど方針転換を余儀なくされます。すなわち「小規模校には教職員と児童・生徒との人間的な触れ合いや個別指導の面で、小規模校として教育上の利点も考えられる」との理由から「存置し充実する方が望ましい場合もある」とする通達を出すに至ったのです。通達後、統合校舎と危険校舎への校舎建設の国庫負担が同率にされたこともあり、学校統廃合数は激減しました。

　また当時起こされた多くの統廃合裁判の中で、「（小学校の）徒歩通学など教育諸条件は子どもの人格形成に意義がある」（名古屋高裁金沢支部判決1976年6月18日）といった判決も出されました。生活圏にある小学校に徒歩通学することによって、子どもは地域の自然や人々に触れることができ、さらに学校と地域の関係は親密なものになっていきます。それらが子どもの人格形成にとって意義があるものであることが確認されたのです。特に児童期の子どもは発達段階からいって

も、家族や地域、学級といった身近な人間関係の中で生活しているので、学校が家庭の延長の身近な地域にあることが重要になります。

　図表Ⅰ-2は、学級数別学校数（小・中）の年度推移を示したものです。1985年から10年ごとの推移をみると減少はしていますが、小学校も中学校も単学級校（学年1クラスの学校）が最も多いのです。どんな山間部の村にいっても、小さな自治体にいっても小学校と中学校があり、子どもたちに平等な公教育サービスを提供しているのが普通でした。また、学級数が1〜5学級の複式学級校や分校も1985〜2005年までは1000〜1500校と、やはり減少しつつも一定数あることもわかります。特に、小学校は小規模な学校が圧倒的に多く、小規模校と大規模校に二分化される中学校とは異なった様相を示しています。また文科省が「標準学級数」として定め、自治体によってはそれを「適正規模」と読み替えていくことになる「12学級以上〜18学級以下」の学校は、数でいうとそれほど多いわけではないのです。

　このように、戦後の学校統廃合施策をみてみると、財政誘導によって、子どものためではない経済効率的な目的のために学校統廃合を進めようとする政策に対して、子どもの成長・発達を保障するという視点から、それに歯止めをかけようとする教育条理が確認され、蓄積されてきた歴史があります。

3　新たな学校統廃合の段階

　それに続く、今回の第3の学校統廃合の「ピーク」はすでに20年以上続き、もはや常態化しているかのようです。その中で、従来、学校統廃合の際に用いられた、その教育学的な「理由」「根拠」を顧みないような、新たなタイプの学校統廃合が出現してきているようです。そこに至る経緯を確認してみましょう。

図表Ⅰ−2　学級数別学校数の推移（公立）

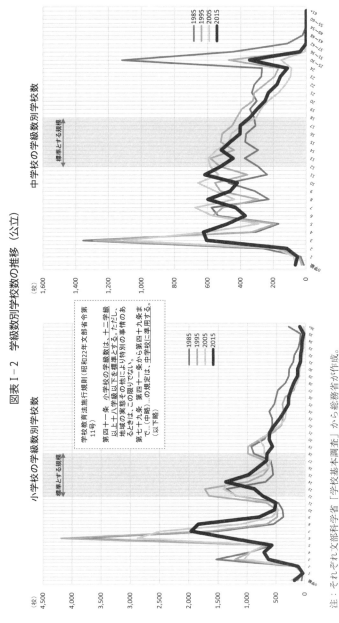

注：それぞれ文部科学省「学校基本調査」から総務省が作成。
出所：総務省自治行政局「自治体戦略2040構想研究会（第2回）事務局提出資料」（2017年）より。

(1) 学校施設整備に PPP/PFI 活用が開始され出した 2000 年代初期

　1999 年、政府が新自由主義的な政策に舵を切る中で、公共部門の民営化を進めるために最初の PFI 法が制定されます。そして 2000 年代前半から、政府は公共施設整備に PFI 事業を活用することを推進してきました。2002 年に文科省は「公立学校施設整備 PFI 事業のための手引書」を公表しています。これには、学識経験者、経済界関係者、自治体 PFI 担当による「公立学校施設 PFI 研究会」が三菱総合研究所を事務局として作成に当たり、文科省からは初等中等教育局助成課およびスポーツ・青少年局スポーツ課が担当していました。この時期は、特に体育施設の整備、充実が PFI 活用のターゲットになっていたのが特色です。

　その後、2004 年に「複合化公立学校施設 PFI 事業のための手引書」が公表されましたが、その作成には、最も早い時期に PFI を活用した学校「複合化」を行った京都市教育委員会「複合施設建設室」担当者が関わっていました。

　学校施設「複合化」に PFI を用いた初期の代表的事例として、この京都市初のケース、御池中学があげられます。同校は 2003 年に、市内中心部の伝統校であった城巽中学校・柳池中学校・滋野中学校の 3 校を段階的に統合して開設された、京都市の学校統廃合のシンボルとも言える学校です。その後、御所南小、高倉小とともに施設分離型小中一貫校第 1 号となり、小中一貫教育の先行自治体京都市の一貫校モデルとされていくことになります。

　PFI 方式により、乳幼児保育所、老人デイサービスセンター、在宅介護支援センター、「賑わい施設（商業施設）」などの複合施設の設計・建設、維持管理・運営する事業を民間に委託しています。事業期間は 2004 年より 2021 年までとし、BTO 方式（Build Transfer Operate 民間が施設を建設、公共に所有権を移転し、民間が維持管理及び運営を

行う方式）で5つの企業グループの提案した計画に対して入札が行われ、建設資金も企業が調達しています。

　開校後は、小中一貫校化計画のある市内他地域の保護者が御所南小などを中心に見学に訪れることを促され、豪華な校舎と「学力日本一」の宣伝を受けて、自分の学校の統合計画に賛同していくといった活用方法が採られていきます。新しい「小中一貫校」はすばらしいと行政は説明していたのですが、そこで行われる教育が非一貫校と同一条件で比較されたわけではなかったのです。実際には、2つの小学校に入学希望者が多くなって収容しきれなくなったことを契機に、小学校6年生だけが離れて中学校舎で学ぶ「5・4制」が導入されることになります。リーダーシップを発揮する最高学年が日常的に同一空間にいない小学校教育の課題については、十分検証する必要があったのではないでしょうか。

　行政による同校の評価点としては、「維持管理業を民間事業者に任せたため運営者が業務に専念できた」、「商業施設による地域活性化」などが挙げられています。また、永井（2005）は、「将来の人口動態の変化を考慮して転用可能なオフィススペースを配置してある点、防災拠点としての機能も考慮に入れている点、また民間の商業施設を併設している点」[2]といった主にまちづくりの観点から評価できるとしています。しかし、PFIを用いた学校では子どもにどのような教育的効果があったのか、教師にどんなメリットがあったのかなどについて検証されているわけではないのです。

　このようなPFIを活用した学校統合のケースは当時としてはまれなものでした。文科省が「手引き」を発行しても、その実数は増加していったわけではありませんでした。図表I−3は、初期の学校施設複合化の実態、すなわち学校はどのような施設と「複合化」していたか、を示すものです。

図表 I-3 初期の学校施設複合化

文教施設					社会福祉施設						
社会教育施設			社会体育施設		児童福祉施設			高齢者福祉施設		障害者支援施設等*6	その他の社会福祉施設
図書館	公民館等*1	博物館等*2	プール	体育館等*3	放課後児童クラブ	保育所	児童館等*4	特別養護老人ホーム	老人デイサービスセンター等*5		
45	443	22	32	110	6,333	112	361	2	111	11	14
のべ510			のべ142		のべ6,806			のべ138			

文教施設・社会福祉施設以外の施設						
病院・診療所	行政機関	給食共同調理場	地域防災用備蓄倉庫	消防団施設	民間施設	その他
5	49	153	5,553	4	6	28

*1 公民館、集会所、コミュニティ施設等
*2 博物館、文化施設等
*3 体育館、武道館等
*4 児童館、児童発達支援センター等
*5 老人デイサービスセンター、在宅介護支援センター等
*6 地域活動支援センター、身体障害者福祉センター等

出所：文部科学省「学校施設と他の公共施設等との複合化に関する実態調査結果」（2014年）より筆者作成。

　この時期には、学校種類別でみると特に小学校と他施設を複合化するケースが多く、全体の約4割を占めていました。しかし、**図表 I-3**にみるようにその実態は、「放課後児童クラブ」と複合化した学校数が6333、地域防災用備蓄倉庫と複合化した学校数は5553と圧倒的に多く、他を大きく引き離していました。公民館、児童館がそれに続きます。小学校の児童が日常的、継続的に使用する学校内施設、または緊急時のための人員を配置しない備蓄倉庫などの施設とかなり限定されていたことがわかります。

　また、「手引き」で文科省は、「児童生徒の体験的活動の充実や学校と地域社会との連携を図る上で、学校施設と社会教育施設や高齢者福祉施設等との複合化は有効であると考えられています。現在、いくつかの地方公共団体においては、このような複合施設の整備が進められており、その実施に当たってはPFI方式を導入している事例もありま

図表 I-4 PFI を活用して施設を複合化している学校数

	～1970年代	1980年代	1990年代	2000年代	2010年代	不　明	総　計
PFI 事業				11	8		19
PFI 以外	627	797	2,449	3,928	2,240	507	10,548
総　計	627	797	2,449	3,939	2,248	507	10,567

出所：図表 I-3 と同じ。

す」と述べていましたが、図表 I-4 にみるように、2000年代にはそのようなケースは約4千件の複合施設のうちの11件に過ぎませんでした。他方、学校施設「複合化」の数自体は1970～90年代に比して増加してきていたのでした。

(2) 「地方創生」スタート、国の政策が本格的に学校統廃合推進
―PFI 法の改正、PFI 事業への財政誘導のスタート―

　本書の II で指摘するように、2013年の PFI 法改正が、翌年から始まる「地方創生」政策と併せて、公共施設再編、学校統廃合に大きな影響を及ぼしていくことになります。

　すなわち、「PPP/PFI の抜本改革に向けたアクションプラン」に基づいて、半官半民の「民間資金等活用事業推進機構」が創設され、PFI 法に基づく公共施設等の整備等の事業などに対して財政支援をしていく制度へと移行していくのです。また「PFI で民間企業にまかせれば補助金が出る」といった自治体の認識が強まっていきます。そして翌2014年にスタートする「地方創生」政策とあいまって公共施設政策を大きく変えていくことになるのです。

　この時期に、政府による学校統廃合推進政策も本格化します。首相が議長を務める経済財政諮問会議の下に、2015年に結成した経済・財政一体改革推進委員会は、今後の改革工程表を公表しています。その教育関連の筆頭ページの内容は「学校の適正規模化」、すなわち学校統

廃合となっています。「2020年までに小規模校の解消に着手している自治体の割合を100％にする（その時点では3分の2）」と数値目標が掲げられます。

そして特に2014年4月22日、総務省が「地方創生」政策の一環として「公共施設等の総合的かつ計画的な管理の推進について」によって、2016年度までの3年間にすべての自治体に作成を「要請」した「公共施設等総合管理計画」が、学校統廃合の強いインセンティブになっていきます。

全ての自治体は、将来の人口減と税収減に応じて、公共施設の総量を見直すことになります。将来の施設更新費用を算定し、過去数年間の更新費用の平均と比較すると財源不足が提示されます。そこから、予め総延床面積で表される公共施設の総量を減らすことが余儀なくされていきます。そして、多くの自治体は、算定された削減率の数値目標を挙げさせられます。一般的に、自治体の全公共施設の約3～6割は学校教育施設が占めています。特にベビーブームに生まれた子どもたちを収容するため1970～80年代に建設された校舎が圧倒的に多いことから、今後一斉にそれらが老朽化の時期を迎えるために、財源は不足するのが目にみえているのです。

この計画の「旗振り役」である経済学者、根本祐二氏らのグループ、東洋大学PPP研究センターは、公共施設を「延床面積」で捉え、公共施設利用における「受益者負担」を強調し、公共施設の運営を含む公共サービスを積極的に民間事業者に開放する方向性を推進してきました。根本氏は、内閣府のPFI推進委員会委員でもあり、PFIやPPP、すなわち「公共サービスの民営化」を推進する研究や実務を続けてきました。多くの自治体と手を組んで、公共施設の運営を含む公共サービスを積極的に民間事業者に開放する施策を推進してきたのです。

そして、この計画には多くの財政誘導が準備されています。例えば、

交付税交付団体であれば、計画策定費用の全額、不必要となった公共施設の解体費用などにも地方債（75％）が適用されます。また、施設「複合化」、「規模最適化（実質的な統廃合にあたります）」「長寿命化」などを行った場合には、期限付きの公共施設等適正管理推進事業債を活用することができます。これは、当初は期限が2021年度まででしたが、2026年度まで延長されました。老朽化した施設の改修工事期を迎える自治体にとって、この地方債は極めて魅力的なものとなっています。

　2015年という「公共施設等総合管理計画」がスタートしたばかりの段階に、根本祐二氏は埼玉県の全市町村担当者からなる「埼玉県アセットマネジメント推進会議」において、これからの公共施設再編の方針について講演をしています。埼玉県は、各市町村が横並びで計画を推進していった公共施設再編の先行自治体でもあります。

　そこでは、まず公共施設の「種類別基準」を設定しているのですが、「学校施設」は「公共サービスとしても公共施設としても必要だが、量を削減するする必要のある施設」に区分されています。それは「民営化」の対象となる保育所や幼稚園とは異なっています。そして「学校施設」の「対策」は「学校統廃合」の1点とされています。また、統廃合対象とする児童・生徒数として、「文科省の基準」である「適正学級数12〜18学級」、「1学級あたり児童数35〜40人」から、1校の人数として最低となる「235人」を算出します。そして、「その人数以下の場合は統廃合対象とする」と、完全に機械的な人数主義の学校統廃合政策を提起しているのです。

　さらに、「小中学校が近接している場合は、面積の大きな方（通常は中学校）に一貫校化する」「特別教室、管理教室、図書館、プール等の共用化により、面積を削減する」と、延床面積を削減するためにと、教育論からではなく、統廃合の方途としてのみ小中一貫校を推奨して

います。その後、埼玉県の多くの自治体は、全国で最悪とも言えるような公共施設等総合管理計画に後押しされた学校統廃合計画を推進し、時には教育論による根拠を度外視したような小中一貫校計画も進めていくことになります。

その最たるものは、現在さいたま市で計画されている児童・生徒数約3600人と日本最大規模の義務教育学校、武蔵浦和学園です。2校の中学校と3校の小学校をまとめる計画でありながら「新設」校であるという理由から、学校統廃合に必要な手続きをとっていません。また、公園施設を廃止した土地を含めた3つの校地に「1〜4年生」、「5〜9年生」の単位で分けた5つの「ユニット」を配するという独特の学校構想になっています。そのような強引な計画に対し、住民の反対運動も起きています。

また、PFI法が改正された2013年に、根本氏と同じ東洋大学PPP研究センターに所属する南学氏は、夏の期間、数週間しか利用しない施設稼働率の低い学校の屋外プールを廃止し、水泳授業を地域のスイミングプールなど民間施設に委託したり、公共プールで行う計画について提起しています[3]。

学習指導要領において水泳授業は小1、2年生の「水慣れ、水遊び」に始まり、中1、中2で必修と、子どもにとって必要な「学力」の1つです。しかし、2020年のコロナ禍になって学校の水泳授業が感染対策により縮小、中止される事態が起きてから、各地でプール授業廃止の決定が行われるようになりました。教職員には水泳授業に負担感があり、また学校にとっても施設管理の責任が生ずること、さらには保護者には民間のスイミングプールでの専門のインストラクターによる指導に期待があることなどから、この問題には反対運動が起きにくくなっています。学校統廃合で新たな校舎を建設する際に、プールを開設しないケースも生じています。例えば、大阪府交野市、三重県桑名市

図表 I-5　学校プール数の推移

		1996年	2022年度	1996→2022 増減	1996→2022 率（%）
学校数（公立）	小学校	24,482	18,851	−5,631	−23.0
	中学校	11,269	9,164	−2,105	−18.7
小中合計			28,015	−7,736	−21.6
プール設備	小学校	20,111	16,105	−4,006	−19.9
	中学校	7,446	5,689	−1,957	−25.6
廃止実数			21,794	−5,963	−21.5
すべての体育施設		245,289	187,184	−58,105	−23.7
	学校体育施設	152,083	113,054	−39,029	−25.7
	公共スポーツ施設	65,528	51,611	−13,917	−21.2

注：ここ25年で、全国で7,736校が統廃合され、プールは全体で5,963か所がなくなっている。
　　特に、中学校の4割近くは学校にプールがない。
出所：文部科学省「学校基本調査」から制野俊弘作成を引用。

では複数校の統合による施設一体型小中一貫校を建設する際に、敷地の問題から学校プールがない計画が出されました。それに対して、保護者らから反対の声があげられています。

　実は学校統廃合だけではなく、老朽化した校舎の改修の際にプールを廃止する事態は以前から進んでいます。**図表 I-5** は、学校のプール数の推移を表したものです。1996〜2022年の間に小中合わせて7736校が廃校になっていますが、他方、プールの廃止実数も小中併せて5963校にのぼります。特に中学校では、学校数の削減率をプール削減率が上回っています。プール施設が老朽化した場合に、改修されず取り壊されるといったケースがあることが推測されます。また2022年の段階で、すでに中学校の3分の1にはプールがないこともわかります。

(3) 文科省、学校統廃合「手引き」の改正（2015年）
―初めて学校規模と「教育的効果」の相関関係が問題に―

　同時期の2015年1月に、文科省は58年ぶりに学校統廃合の「手引

き」を改正した「公立小学校・中学校の適正規模・適正配置等に関する手引」を公表しました。

　そこでは「学校の小規模化に伴う教育上の諸課題がこれまで以上に顕在化」したという理由から、小規模校を「適正規模」にする教育学的な新たな「理由」が挙げられています。すなわち、「児童生徒が集団の中で、多様な考えに触れ、認め合い、協力し合い、切磋琢磨することを通じて思考力や表現力、判断力、問題解決能力などを育み、社会性や規範意識を身に付けさせること」が重要となり、そのためには一定の規模の児童生徒集団、バランスのとれた教職員集団が「望ましい」というのです。ここで文科省は初めて「切磋琢磨」という教育的な「俗語」も用いています。

　また、「協働型・双方向型の授業革新」のためには「班活動やグループ分けのパターン」が求められるというのです。しかしながら、そこには教育学的な根拠があげられておらず、そのような授業には何名が必要か、といった実証的な研究が示されるわけではありません。学級規模とさまざまな教育的効果の相関関係に関する研究成果の蓄積はあるのですが、学校規模と教育的効果について相関関係は検証されていないのです。これは、例えば、大規模校と複式学級のある小規模校では指導方法も大きく異なってくるために同一条件で比較が難しいということにもよるでしょう。また、そこで併記されている「ICT の積極的な活用」は、個別最適な学びを実現させるものでもあり、少人数でも十分代替的な学習ができる条件を保障するはずです。

　しかし「手引き」は、そのような「根拠」を前提に、6 学級以下の学校に対しては、「学校統合等により適正規模に近づけることの適否を速やかに検討する必要がある」といった方向性を示しています。また、従来、「小学校 4km、中学校 6km 以内」とされていた、統廃合の「距離規定」に対して、「スクールバス等を用いておおむね 1 時間以内」と

いう「時間規定」を初めて追加しています。これらの内容は、全国で学校統廃合を推進しようとする自治体の計画に積極的に用いられています。

他方、「手引き」後半では、保護者、地域住民や協力者との合意形成を図っていくことの重要性が指摘されます。そして、それを踏まえて「小規模校でも存続させる場合の教育の充実」として、存続の４つのケースを提示しているのです。「地理的、気候的条件」などとともに、最後に「学校を当該地域コミュニティの存続や発展の中核的な施設と位置付け、地域を挙げてその充実を図ることを希望する場合」という多くの自治体が該当するであろう理由と、その場合の代替措置の事例が挙げられています。

しかしながら統廃合計画を進める自治体は、「手引き」前半のみを紹介して、後半の「小規模校でも存続」ケースについて触れることはほぼありません。

また、小規模校の教育的効果について認めた1973年のいわゆる「Uターン通達」、1957年の学校統廃合「手引き」については、この2015年の「手引き」の発行により廃止となっています。「小規模校の教育的効果」については、実証的な検証もなく廃止されたことは問題と言えるでしょう。

(4) 2021 年～PPP/PFI への会計検査院による批判的検証、しかし推進へ

前述のように、自治体にとってあたかも財政誘導と言えるような法改正を経て PFI 事業件数は増加しました。それに対して 2021 年度、会計検査院が制度導入後 20 数年を経て初めて調査に入り、「会計検査院法第 30 条の 2 の規定に基づく報告書―国が実施する PFI 事業について―」を公表しています。

PFI 発祥の地であるイギリスでは、2018 年 1 月に英国会計検査院が

そのメリットや課題をまとめた報告書「PF1 and PF2」において、①建設時のコスト超過リスクの抑制、②維持管理・運営の効率性の向上、③対象施設の維持管理の向上、のいずれの点においても PFI は期待通りの結果を出しておらず、それらは他の契約方式でも実現可能だったと明らかにしています。さらに VFM（Value for Money　その価格に見合った価値）の計算方法においても、割引率が実際の政府調達金利よりも高く固定されているため、PFI の価値が小さめに算出されてしまうなど、必ずしも正確な公表が行われていない点も指摘されました。PFI 事業への社会的批判が多かったこともあり、同年イギリスでは PFI は事実上廃止になった経緯があります。

　日本における会計検査院報告もイギリスと共通する点が多いとされ、事業の効果把握や VFM 評価の条件設定、モニタリング結果などの内容が盛り込まれていました。その結果、イギリスと同じように、VFM の計算方法に問題があり「PFI 方式の経済的な優位性が高く評価されていた可能性」があることが指摘されました。またモニタリングの実施から、一部で債務不履行が繰り返し行われているなど多くのネガティブな結果が明らかになりました。

　しかし、結果が PFI の廃止につながったイギリスと異なり、日本ではこの報告が PFI の衰退につながったわけではありませんでした。逆に、政府は PPP/PFI の積極的な推進策に打って出たのでした。

　翌 2022 年 6 月 13 日、岸田首相は民間資金活用事業推進会議において、「令和 4 年度からの 10 年間で 30 兆円の事業規模目標の達成に向け、PPP/PFI の推進策を抜本強化する」として、「アクションプラン」の改定を宣言しました。そこでは「1. 事業件数 10 年ターゲットの設定、2. 新分野の開拓、3. PPP・PFI 手法の進化・多様化」とその積極的な推進が盛り込まれています。具体的には、PFI 事業の対象となる公共施設等の定義に「スポーツ施設等」と「集会施設」が加えられまし

た。また、公共施設等運営事業者による施設改築を容易とする実施方針変更手続きが創設され、PFI推進機構の業務の追加と設置期間の延長が行われたのです。

(5) 新たな PPP/PFI 推進の方向性と学校統廃合

　2023年8月、内閣府民間資金等活用事業推進室（PPP/PFI推進室）の北村明政氏は、PPP/PFIを推進していかなければならない背景として、日本における「少子高齢化、人口減少、自治体の財政制約、社会資本の老朽化、住民ニーズの多様化」を挙げています。なかでも「住民ニーズの多様化」として西東京市の例を引いて、「コミュニティが希薄化する中で、子育てや一人暮らしなどを支え合う新しいニーズが高まっている」ため「コミュニティ活動の支援、コミュニティ施設の充実、市民交流の推進」が施策としてあげられると述べています。

　このような「地域課題の具体例」の中に「児童・生徒数減少に伴う学校規模のミスマッチ」、言い換えれば、学校統廃合につながる課題が挙げられています。そして、それらの解決方法の1つとなるのが「PPP/PFI」であるとしています。すなわち、公共施設等の建替え・改修に際して、どのような設計・建設・運営を行えば最も効率的かについて民間事業者に提案・競争させ、そして決まった業者と複数年度契約して設計から運営、資金調達までも行ってもらうというのです。それによって「一体的発注、各段階における民間手法の効果的活用」により住民への「良質な公共サービス」の提供が可能になると説明しています。

　図表Ⅰ-6は、その内閣府の資料中で図示される「学校統廃合の例」です。学校を統合する際に、従来のように、ただ2校（あるいはそれ以上）をまとめるだけでなく「学校施設（体育館、プール）の維持管理運営にPFI手法を導入することにより、学校の授業がない時間帯

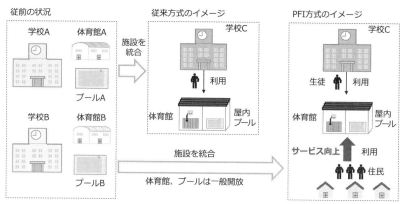

図表Ⅰ-6　新たなPFI活用による学校統廃合のイメージ

出所：内閣府　民間資金等活用事業推進室　参事官補佐北村明政作成「PPP/PFIの推進に向けて」（2023）より。

は、体育館や屋内プールを市民に開放する。民間事業者による質の高いサービスプログラムの提供や、施設の不具合に対して迅速に対応が可能」になる、というのです。図では、体育館、屋内プールが例になっているだけですが、他にも図書館、音楽室、図工室、各教室なども住民に開放の対象になるのでしょう。夜間・休日の施設貸し出しは教職員にとって時間外勤務となるため、管理を民間業者に担わせるという「口実」になります。

　この発想は、民間事業者を活用することによって、学校を「ハコモノ」、「地域交流デパートメント」ととらえ地域活性化の拠点とするという、『学校という「ハコモノ」が日本を救う！』（2022）の著者、大竹弘和氏（神奈川大学・スポーツ産業マネジメント論）の主張と重なります。学校を"地域の共有資産『ハコモノ』"ととらえ、塾やスポーツ系施設、警備会社など民間事業に運営参入してもらうとともに、ボランティアが集う『中核』とするというのです。彼は、東京都東村山市で進められる学校施設「複合化」のシンクタンクの一人でもあり、PFI

の活用を推奨し、稼働率の低い学校施設を官民連携施設に転じることで、教育格差の解消、地域の活性化などが実現できるとします。ただし、東村山市で歴史的に形作られてきた学校と地域の強い結びつきや小学校区コミュニティの価値には無関心なのです。

　東村山市は、2018年から、「地域拠点をつくる」と学校「複合化」施設のプランをワークショップで市民に考案させておいて、2023年6月にいきなりそこに学校統廃合計画を盛り込んできました。「複合化」する際に、学校数を減らすことが突然提案されたのです。そこでは、小学校と中学校を統合することも「小中の集約」と説明され、そこで行われる「小中一貫教育」の教育的な意味には一切触れられていません。

　同じような発想は三鷹市とも共通しています。現在三鷹市は、小学校2校統合と併せて図書館などの施設「複合化」を強行しようとしています。教育長は、そこに地域の共有地新たな「コモンズ」をつくるのだと述べています。2021年に、三鷹市教育委員会が研究者7名、地域代表4名に委嘱した「三鷹のこれからの教育を考える会」が最終報告書においてこの「コモンズ」と「学校3部制」を提起しました。すなわち「より地域に開かれた、地域とともにある学校、コミュニティ・スクールとして、公でも私でもない「共」の空間、地域の共有地（コモンズ）としての学校に移行」するというのです。また「学校3部制」とは、第1部「学校教育の場」、第2部「学校部活動を含む放課後の場」、第3部「社会教育・生涯学習や生涯スポーツ、地域活動など多様な活動の場」と、昼間、放課後、夜間で施設の役割を変えることを意味します。「学校3部制」に対応して学校施設の機能転換、管理運営体制、効率的な資源の集中や機能強化の方策を含め検討」するとも述べています。3部制における、「効率的な管理運営体制」という表現は明らかにPFIなど民間の活用を意識していると思われますが、今のところ市側はそのような説明は一切していません。

三鷹市は、2008年と早い段階から施設分離型の小中一貫教育を全市に導入し、2018年に全校が「小中一貫型・小中学校」に制度移行しています。さらに全校をコミュニティ・スクールにしている「改革」先行自治体です。しかし、トップダウンで行われる小中一貫教育は、「乗り入れ授業」と称して離れた小・中学校間の移動を強いるなど、教員に過大な負担を強いるものです。すでに2009年に実施された教職員対象アンケート（東京都教職員組合北多摩東支部三鷹地区協議会による全教職員の37%を対象とした調査）では、回答した教職員の80%が小中一貫教育に意義はあるか、という問いに「全く思わない」「思わない」と答えていました。その理由の自由記述で最も件数の多かったのは「教職員の多忙化」でした。

　今回の計画は、国立天文台の土地の一部売却という「用地ありき」で始まった小学校「移設」・施設「複合化」計画に、別の小学校のコミュニティ・スクール委員会が後から同じ施設への「移設」を「要望」し、市が認めたために実質的「学校統廃合」となったものです。しかしながら市は一切「学校統廃合」とは認めていないため、一般に行われるはずの各層から構成される審議会などによる合意形成の丁寧な手続きや、専門家の意見聴取なども無視して進められているのが特徴です。おそらく、この計画は、老朽化した学校施設改修に伴い、他の学校も順次統廃合・複合施設化を進めていくための突破口なのではないでしょうか。

　隣接する小平市でも、現在、老朽化した小学校の改修に伴い「拠点化」して公民館や地域センターの機能を集約した「地区交流センター」にしていく計画が公表されています。夜間に特別教室などを住民に貸し出すのですが、既存の公民館施設は廃止されます。併せて小学校を19校から14校に、中学校を8校から7校にする小中学校統合方針も出されています。

これらの市で進められているのは、「教育の機会均等の実現」、「子どもの権利の保障」、「地域の活性化」、「生涯学習機能の拡充」、といったあたかも教育条理に沿っているかのような内容をチラつかせながら、実は目的は公共施設の総量削減とそれに伴う跡地の活用、再開発、そして民営化の拡大なのでしょう。しかし、「コモンズ」といったソフトな表現が多用され、あたかも教育の公共性を拡充するかのような説明が施されているのが特徴です。

　2022年の杉並区の岸本聡子区政誕生と、それに続く中央線沿線の自治体で、新しく「非自民」を掲げるリベラル系の首長が当選していることが、「コモンズ」といった用語の使用や民営化を前面に出さない動向に影響しているのではないかと指摘します。杉並区では児童館の全館廃止と道路開発に反対する区民の声が、新区長の誕生を後押ししました。再開発、民営化、公共施設の廃止などに対して地域コミュニティを守ろうとする市民の運動が政治的な力になっています。その杉並区長、岸本聡子氏は「コモンを守る」をスローガンの1つに掲げています。

　それは、民営化路線の失敗に学び、再公営化への道を選択するという世界的に拡大する流れに与するものです。PPP/PFI路線はそれと真っ向から対立するはずなのに、対立点をぼかしてごまかそうとするねらいが透けて見えるかのようです。

注

1　若林敬子『増補版　学校統廃合の社会学的研究』御茶の水書房、2012年（原著は1999年）。筆者は、戦後の統廃合時期区分のうち、昭和の市町村合併期70年代の過疎地対策期については参考にしているが、第3期については新自由主義の影響という異なった分析視点を用いている。

2　永井真也「学校PFIの問題点と今後の展開：徳島市立高校改築計画を事例として」『社会科学』75号、同志社大学人文科学研究所、2005年、75-88頁。

3 南学『先進事例から学ぶ成功する公共施設マネジメント』学陽書房、2016 年、
 164-181 頁。

第2章

PPP/PFI 手法を用いた学校統廃合の教育学的問題点
―子どもの教育権論の視点から―

1 東京で進む PPP/PFI の特性が強い学校統廃合

　東京都は全国的にみても学校統廃合が多く、2002 年度から 2022 年度まで 20 年間の廃校数総計が 322 校と全国第 2 位になっています。その廃校数の推移をみると**図表Ⅰ-7**のように 2002 年をピークとして廃校数が多かった時期があることがわかります。1999 年から 2007 年まで、都内の多くの区市が学校選択制を導入、独自に「最低基準」を「150 人」「180 人」などに設定し、それを下回った学校を機械的に廃校にしていく時期がありました。

　また、同時期に、製造業、小売業からサービス業中心へと産業構造の転換を背景に、「人材」養成に合わなくなった高校の廃止とニュータイプの高校の新設が行われました。経済的な目的に向けた、いわゆる新自由主義的な教育改革が東京で先行的に行われたのです。

　しかし、学校と地域の関係を希薄にし、地域の文化を担ってきた伝統ある学校が人数減から簡単に廃校になる事態に、まず江東区や杉並区などの地域住民から反対の声が上がり、改革はトーンダウンしていったのです。「学校選択制」による学校統廃合は次第行われなくなり、学校再編は一旦落ち着いたかのような状況を示していました。

　しかしこの数年、**図表Ⅰ-8**にみるように、多摩地域の市部を中心

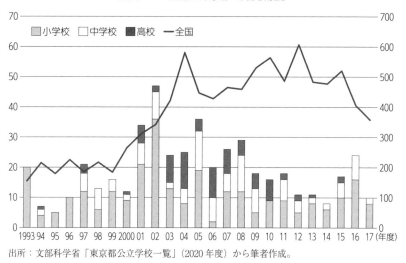

図表Ⅰ-7　全国と東京都の廃校数推移

出所：文部科学省「東京都公立学校一覧」（2020年度）から筆者作成。

に大規模な統廃合計画が次々と打ち出されています。特に町田市、青梅市、清瀬市、東村山市などは全市規模の計画で、例えば町田市は市内小中学校の3分の1を削減するような激しいものです。その背景に「公共施設等総合管理計画」の影響がみられる点は全国と共通しています。

　他方、東京の場合、都心部と周辺部で地域の二極化が激しいことも、学校再編の動向に影響を与えていると思われます。図表Ⅰ-9は、都心の区部と郊外の市部との出生率の推移を現したものです。中央区、文京区など出生率が上昇している中心部では、臨海部再開発によるタワーマンションの増加、大企業を中心とした「職住近接」の傾向などが出生率の増加は背景にあると思われます。また、そういった「まちづくり」が生活困難層を「追いだした」という見解もあります。例えば中央区は2023年に1953年以来70年ぶりに過去最多の定住人口を更新しています。転入数が転出数を上回る「社会増」に加え、高水準の出

図表Ⅰ-8　公共施設再編を背景とする学校統廃合など（東京都）

自治体名	学校統廃合計画・「複合化」計画など
八王子市	全校小中一貫教育導入、今後改修の場合「複合化」・義務教育学校化 １小１中統合「複合化」により大規模義務教育学校開設（2021）
町田市	小・中学校の統廃合計画、「適正規模」を「18〜24学級」に拡大 市内３分の１校が廃校対象、今後小学校統合に際しPFI活用のケースも
小平市	小学校２校改修の際に公民館施設と「複合化」
三鷹市	中学校隣接の土地に２小学校「移転」統合して義務教育学校 地域図書館も併せて「複合化」全市的に「学校三部制」導入へ
日野市	プールの民間施設利用、公立幼稚園統廃合計画
東村山市	民間施設も含め学校に「複合化」、小学校統合および小中統合を「集約」と 表現、PFIなどの活用を予定（2024）
武蔵野市	学校改築計画に伴う二中学校計画案
多摩市	プールの民間施設利用（２年間）
青梅市	全市的な複合化・統廃合計画
国立市	小中学校の適正規模、適正配置を考慮した施設の在り方検討 小学校のコミュニティ・スクール化、「複合化」
清瀬市	小学校統廃合、小中一貫校計画が反対運動児童・生徒増によりストップ 小中一貫教育検討委員会 学校プール小中学校全校で廃止、14校が１か所のプール使用へ
板橋区	小・中の統合小中一貫校計画
目黒区	建て替え時の「複合化」・「多機能化」計画、中学校統合
渋谷区	公共施設との「複合化」、プールや図書館などの共用・集約化 ３校の施設一体型小中一貫校計画
葛飾区	学校プール廃止
練馬区	小・中の統合小中一貫校計画、高齢者施設などとの「複合化」
足立区	大規模小中一貫校が児童・生徒増により第二校舎、第二校庭を利用
中央区	東京駅八重洲口前高層ビルに小学校「複合化」

出所：各市区ウェブサイトより筆者作成（2024年）。

生率の推移が人口増を押し上げていると分析されます。大企業に勤務する階層の高い層が、比較的複数の子どもをもつことが可能な経済力を持つこと、また都内中心部の自治体は子育てのインフラが整ってい

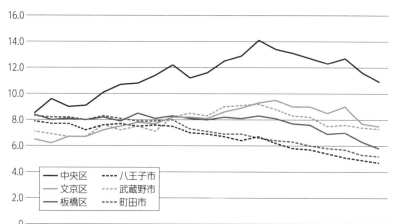

図表 I-9　都内自治体の出生率の推移

注：出生率（人口千対）
出典：東京都保健医療局「人口動態統計」より筆者作成。

たり、給食費無償化、子ども手当支給など独自の保障が充実していることなどがその背景にあることが推測されます。

　それに対して、**図表 I-9** にみるように市部や周辺の区部では、出生率は低下しています。ただし市部でも比較的階層の高い武蔵野市などは例外的に都心と似た傾向がみられます。周辺の市部で、あたかも子どもを「収容」するための施設にするような大規模な学校統廃合計画、そして学校を中心とする公共施設「複合化」が進展しているのです。また、今までと違うのは地域の住民自治を担ってきた公民館施設や図書館などの社会教育施設を、民間企業が関与する地域拠点の「ハコモノ」である学校施設に「集約」しようとする傾向が顕著な点です。2000 年代前半に都内の公立学校では、新自由主義的教育改革の障害となる「学校自治」の破壊と言えるような強力な統制強化が見られました。今回は、「住民自治」も民間企業のコントロール下に置き、さらに教育 DX に対応した新たな公教育の統制の段階に入ろうとしているか

のようです。

　それでは、そのような新たなタイプの学校統廃合は、子どもの教育権にとってどのような問題を有しているのか、考えてみたいと思います。

2　子どもの教育権保障にとって学校統廃合の意味
―教育学的視点の欠如―

　学校施設に PPP/PFI を用いることの問題点として、まず、企業は利潤追求のために事業を行なうものであり、「公共性」の実現とは対立する性格を持っていることがあげられます。「公共サービス」に共通することが求められる視点として「①専門性・科学性、②人権保障と法令遵守、③実質的平等性、④民主性、⑤安定性」をあげています（Ⅱの第４章参照）。そのような視点に基づいて、子どもの教育権保障のために学校統廃合で配慮すべき課題について挙げていきたいと思います。

　公立学校は「平等な公共サービスを提供するもの」ではありますが、歴史的に地域コミュニティと結びついて形成されてきた、それぞれ独自の特色や文化を持っています。特色ある教育内容や方法、地域の伝統芸能の継承、避難拠点としてのあり方、特色ある学校行事など、慣習的に積み重ねられた多くのものは、実は子どもの十全な成長・発達にとって大きな役割を果たしているのです。統廃合には一瞬でそれらを失わせるリスクがありますが、効率性を重視する民営化の手法は、そのリスクを高めます。

　例えば、実質的な統合である小中一貫校の新設に当たって、民間のコンサルタントが介入して、「小中一体感」を育てるための統合、といった教育学的でない適当な「根拠」があげられ、それまでの両校の文化や特色などは無視、軽視されたケースがあります。

学校統廃合に伴うリスクの無視、軽視は、これまでの統廃合でもしばしば見られたものです。教育委員会は学校統廃合を行う際、小規模校のデメリットや統廃合のメリットしか公表しない場合が多いのです。それには、保護者の不安をあおって学校を守る運動から分断する意味もあります。

　2004 年、都内ベッドタウンの東久留米市の小学校が、小規模化を理由に他の 2 校に分離統合された後、大規模な「荒れ」の問題が起きたケースがあります。統合した片方の小学校の高学年でいわゆる「学年崩壊」が起き、低学年では「行き渋り」といった子どもたちの問題が起こりました[1]。検証に入った教育学者の田中孝彦（2007）は、子どもたちが幅広い意味での「心的外傷」を負っているのではないか、と分析しています。慣れ親しんだ地域の小学校から、校風、教育内容、方法などが異なる他の学校に、それらの「すり合わせ」が不十分なままで、大人の都合で投げ込まれた子どもたちは、統廃合後に混乱や不安を感じたでしょう。しかし、相談できる親密な関係を持った大人、統合前の学校の教師が身近にいませんでした。「荒れ」が生じたのは、前学校の教師たちが一緒に移動しなかった方の小学校でした。田中孝彦は、子どもたちは混乱や不安に直面した際に、自分たちの力でどうすることもできない孤立感や無力感によって、心に傷を負うような事態に陥ったと分析しています。

　自治体によっては学校統廃合を行う場合、慣習法的に「対等・平等な統廃合」を行うことが原則となっています。その場合、両校を廃校にし、校名も校章も校歌も 1 から新しく作ることになります。それに対して「吸収・合併」方式の学校統廃合は、大きな学校に小規模な学校が吸収され、全員が「新たに学校を創る」意識を持ちにくいために、「吸収」された方の子どもたちに負荷をかけることになってしまいます。また、地域にも不平等な感情を残します。対象となった学校双方の教

育内容や方法、文化や伝統を確認し、すり合わせていくためには、統合準備協議会による継続的な検討など丁寧な手続きが必要です。

また、統合に伴う通学距離・時間の延長は、ダイレクトに子どもの教育権を侵害するものになりかねません。「手引き」で、通学基準に「スクールバス等を用いておおむね1時間以内」が追加されましたが、子どもの成長・発達、学習権の視点から長時間のバス通学が機械的に適用されるべきものでないことは明らかです。特に小学校の場合、統廃合判例にもあるように「（子どもの人格形成にとって）徒歩通学など教育諸条件は子どもの人格形成に意義（名古屋高裁金沢支部判決1976年6月18日）」があるものなのです。

また、学校は、子どもの安心・安全について保障された場所でなければならず、教職員は子どもの安全保持義務を有するものですが、施設「複合化」により、セキュリティ面での課題が生じてくることは否めません。

特に、学校施設、児童相談所、保健所など、子どもの生存や発達に直接関わってくる公共施設の場合、それが目的に合った施設であるのか、という点の検証は決定的に重要になるのでしょう。いくら時間やスペースで利用を切り分けようとしても、不特定多数の大人による利用は子どもの安全を脅かしかねません。情報保護なども大きな問題です。

3　学校統廃合に至る合意手続きの軽視、無視

従来の学校統廃合計画、すなわち「適正規模、適正配置」計画であれば、教育行政が「適正配置・適正規模審議会」「学校あり方委員会」などを各層の代表（各校区の保護者代表、地域代表、教職員代表—多くの場合校長、学識経験者、未就学児施設代表、公募委員など）によ

り組織して、計画についてまず諮問する手続きを取ります。会は定期的な会議を1年〜2年程度継続し、会議録を住民に公表します。もちろん会に傍聴もできます。委員らは現地視察、他自治体のモデル校の視察なども行ったうえで、保護者、住民らに学校再編についてのアンケートを実施するなどしてその意思を反映するよう努めます。時には「望ましい学校として学年に何学級があればよいと思いますか」といった誘導的な質問がされ、それが統合基準の根拠にされたりもします。

　そのような審議を経て、会は教育委員会に対して「答申」を提出するに至ります。その結果を踏まえたうえで、教育委員会はさらにパブリックコメントをとり、「保護者説明会」「地域説明会」などを繰り返して合意形成に努め、統合案をまとめていく形がとられるのが一般的です。良心的な自治体では合意形成ができるまで何度でも「説明会」をくり返すケースもあります。もちろん、そこで計画が覆されたり白紙撤回されたりするケースも多くあります。

　それに対して、計画に地域の声が反映されずスケジュールありきで進められるのは、企業の利益を優先するPPP/PFI方式の学校統廃合の特徴です。その場合は「説明会」ではなく、パネル発表への市民「参加」型、グループ討議をしてプレゼンテーションを行う「ワークショップ型」などの企画が開催される傾向があります。教育行政が計画について説明し、保護者、住民が納得いくまで質問して討論を続けるような「保護者説明会」「地域説明会」が行われるわけではないのです。

　例えば、建設から維持、管理までPFI方式で行うことになった埼玉県越谷市の場合、統合を伴う小中一貫校計画においては、どんな学校をつくっていきたいかというビジョンづくりから一貫して、保護者や地域の意向を反映させることが難しい状況が見られました。

　学校統廃合計画であれば、統合対象とする学校の選定、学校設置場所の決定については最も重要な事項です。しかし、それらについては

十分に保護者、住民の意見を反映させることなく予め一方的に決めて
しまい、協議会形式で、校名、制服、校章などの決定についてのみ「参
加」、決定させていくやり方も全国で広く見られます。また、特定校の
統合を推進するような地域の「要望」のみはあっさりと受入れ、その
後決定した計画についてはどんなに住民が反対しても一切聞かないと
いった行政の不平等な姿勢も見られるものです。

4 子どもの意見表明の無視

　学校統廃合は、当事者である子どもにとって大きな影響を与える事
項であり、その意見を聞き、十分に尊重することが必要になります。子
どもの権利条約 12 条子どもの意見表明権に、「自己の権利を形成する
能力のある児童がその児童に影響を及ぼすすべての事項について自由
に自己の意見を表明する権利を確保する」と定められています。
　近年多くの自治体では、子どもの権利条約の理念に基づいた「子ど
もの権利基本条例」「子どもオンブズマン条例」などを成立させており、
その数は 2023 年 5 月段階で、64 自治体にのぼります。
　例えば埼玉県北本市では、2020 年に市議会において小学校統合計画
について、「当該小学校の保護者や地域住民には意見を聴いているもの
の、児童には説明をせず意見を聴いていない」ことが判明し、子ども
の声を反映させるべきではないか、といった議論が起きました。同年、
準備されていた「北本市子どもの権利に関する基本条例」が制定され
たのちに、市として小規模校を存続させる方針に舵を切っています。
　逆に、静岡県湖西市では、「湖西市こども基本法」が基本理念の中
で「全ての子どもが自己に直接関係する事項に意見を表明する機会の
確保」を掲げたことを踏まえて、議員が小中学校の再編方針に子ども
の意見を反映するよう求めたのに対し、市教育委員会は「児童生徒数

が減った将来の学校をイメージすることは、経験値が少ない子どもた
ちには大変難しい」と否定的な回答をしています。市長も、「保護者向
けのアンケートで、家庭全体の意見が反映されることを期待する」と
やはり否定的な姿勢を示しました。

　他自治体でも、学校統廃合について子どもの声を聞くことに対して
「子どもに責任を負わせてしまう」といった、子どもの意見表明権が、
自己責任につながる「自己決定権」ではないという理解に乏しい議論
が行われる傾向があります。

　そんな中で、自治体の条例に基づいているわけではありませんが、
高知県四万十市の下田中学の存続運動では、子どもたちが直接、文科
省やこども家庭庁の担当者、県知事などに学校の存続を訴えました。
また市議会に対しても、子どもたちが直接請願を提出しています。

　学校統廃合に当事者である子どもの声をどのように反映させていく
のか、今後の課題です。形式的なアンケートやワークショップなどは
すでに行われている場合があります。例えば、全市的な施設「複合化」、
統廃合計画が進められている東村山市では「アクションプラン」と称
される計画策定に向け、対象校の子どもを対象に小学校では「授業形
式」で、中学校では「生徒会を中心とした拡大中央委員会の活動を通
じて」「意見交換」が行われたと記載されています。しかし、もし行政
が学校統廃合のメリットだけを子どもたちに提示するとしたら一方的
な「宣伝」になってしまうことも懸念されます。保護者や住民との間
で統合問題が紛争化している地域において、学校で管理職などが子ど
もたちに向けて「統合はすばらしい」という情報をふりまき、幻想を
抱かせてしまっている、といった声も聞かれます。

5 目的は跡地売却、再開発、経済的効果

　子どものため、地域活性化のための学校統廃合であると説明しながら、実は経済的な目的のために行われるのが今日の学校統廃合の傾向です。

　PPP/PFI方式の場合、企業の利潤追求がダイレクトに目標になってきます。PFI方式で民間企業が小中一貫校を建設、維持、管理する計画が立てられた越谷市では、「小中一貫校PFI実施事業方針」において、「児童生徒とつながる環境」「質の高い教育環境」「防災拠点機能の充実」などと続けた後、最後の項目に「ライフサイクルコストの削減」という全く異質な内容があげられています。実はコスト削減が主たる目的であるかのように思われます。

　渋谷区では、2022年に「公共施設等総合管理計画」が改訂されましたが、新たに2017年の当初版にはなかった記載「民間事業者等への貸付や売却等の有効活用を図り、公共性や公益性のある新たなサービスの導入や、区財政の税外収入の確保」が盛り込まれました。それを実態化するかのように、神宮外苑前地区など3つの地域で小学校と中学校を合わせた施設一体型小中一貫校計画を進め、閉校になる片方の跡地をまさに「有効活用」しようとしているようです。学校統廃合がダイレクトに再開発に関わってくるケースです。

6 計画の不安定さ

　PPP/PFI形式の場合、行政と事業者の癒着が懸念されます。特に大規模な施設一体型小中一貫校といった新しい制度の場合、特定の情報に基づいたノウハウを持った同じ業者がプロポーザルなどで事業を受

託しやすい傾向がみられます。全国で同一業者による似たような一貫校が計画されています。一般に「複合化」で施設が複雑になった場合、事業を受託できる事業者が限られてくるため、行政やコンサルタントによる情報提供によって特定企業が選ばれてしまいがちです。

前述の「会計検査院調査」でも、施設「複合化」を進める地域・学校連携施設整備事業において、複合化対象施設と学校施設との「複合化」に伴う施設の整備に要する経費に該当しない経費が算定されている「不当」なケースが３件報告されています。事業が多方面に及び複雑になってくるために、不正行為が行われるリスクも高まると思われます。

また、企業が破綻、撤退した場合のリスクは、子どもの成長・発達を保障する施設にとって致命的なものになりかねません。例えば、給食の民間委託事業者が倒産するケースは、2023年度（10月時点）だけで17件と増加しています。一般入札によって最安値で引き受けた企業が材料費高騰に耐えられなくなっているのです。

PFIに果たして経済的な抑制効果があるのか疑問視されます。一般に人件費などが抑えられがちですが、算定方法が適正なのか十分な検証が必要です。

7 教育DXに親和性

PPP/PFI方式で建設、維持、運営される学校は、教育DXや政府の進める「GIGAスクール構想」に親和性を持った学校になることが懸念されます。

経済産業省は2018年から「未来の教室」を掲げ、「学びのSTEAM化」「学びの自立化・個別最適化」「新しい学習基盤づくり」、一人一台端末とEdTechを活用した学びを推奨しています。

学校教育の教育内容・方法の領域に多くの民間企業が参入することが想定され、教師の仕事も大きく変わる可能性があります。建設のみならず、民間が維持、管理をも行うPFI方式の学校ではデジタル教育のシステムと同時に、特定企業の教育パッケージなど教育内容も購入、活用されていくことが予想されます。

8 民営化を伴わない「複合化」の課題

PFIなどを伴わず、意思決定に民主的なプロセスを導入した「複合化」施設を実現する場合はどうなのでしょうか。例えば人口減少の地域に学校を存続させるために、小学校と中学校を統合して義務教育学校や小中一貫校に移行させ、同時に地域の拠点として他の公共施設と統合するケースは多くみられます。

何よりも地域に学校施設を残すことに意味はありますし、学校運営に地域住民や保護者が参加していくことも進められるべきでしょう。

しかし、目的の異なる施設を安易に「複合化」することによって職員の負担を増やし、子どもの教育活動に支障をきたすケースも出現しています。八王子市では、教育委員会が独自の「施設類型別の複合化の効果」を公表しています。しかし、その「効果」とは、例えば「子育て支援施設」と学校の「複合化」の場合生徒が容易に「職業体験」ができる、「家庭科の授業」に使えるといったまるで"思いつき"のような内容が挙げられています。他にもセキュリティの確保、事故の防止など検討すべき内容は多いと思われます。

注
1 田中孝彦、山本由美他編著『地域が子どもを守る　東京・東久留米の学校統廃合を考える』ケイ・アイ・メデイア、2007年。

Ⅱ

学校施設と PPP/PFI

尾林芳匡

　学校施設の再編・統廃合は、しばしば PPP/PFI と言われる、民営化とあわせて進められてきました。ここでは、そもそも PPP/PFI とはどういうものなのかについて解説し、公共施設再編について総務省を中心として進められてきた政策と、教育を受ける権利の保障のための施設としての学校施設についてどう考えるかについて、明らかにしていきます。

第3章

PPP/PFI とは何か

1 PPP/PFI とは

　PPP とは、「官民連携」のことであるとされます。行政と民間が連携して公共施設の建設や維持管理、運営などを行うことを広く意味します。PPP は「Public Private Partnership」の略称です。行政（Public）と民間（Private）が、連携（Partnership）して事業を進める方式を意味するのだ、と説明されます。

　PPP には特定の法律があるわけではありません。しばしば使われるのは、民法の「請負契約」で、「当事者の一方がある仕事を完成することを約し、相手方がその仕事の結果に対してその報酬を支払うことを約する契約」（民法 632 条）、もしくは「委任契約」で、当事者の一方が法律行為をすることを相手方に委託し、相手方がこれを承諾することによって、その効力を生じる契約」（民法 643 条）です。「公の施設の指定管理者」制度（地方自治法 244 条の 2 以下）が適用されることもあります。

　PFI は、「Private Finance Initiative」の略称です。民間の資金やノウハウにより公共施設の建設と調達を行う法律が 1999 年に制定され、施設、道路や鉄道・水道等の大規模な建設事業を企画から建設・運用まで民間にゆだねるものです。「PFI 法」と呼ばれますが、正式な法律

の名称は「民間資金等の活用による公共施設等の整備等の促進に関する法律」と言います。

PPPは、いわば行政の仕事を民間にまかせる方式の総称であり、PFIはその中でも契約によって地方自治体の拘束される度合いがもっとも大きく、したがって民間事業者にとっての収益も多額が見込める形態として、特別な立法がされているものです。

2　PPP/PFI が進められてきた背景

民法上の請負契約や委任契約を基礎とする「PPP/PFI」が、特別な意味をもって強調されるのは、1990年代から広がった「新自由主義」や「小さな政府」「参入規制の緩和」という考え方によるものです。政府や地方自治体が担当する公共サービスを、大規模に民間事業者の仕事としていくことを通して、民間事業者の商機を拡大することが、政府の諮問会議などを通じて強く要請され、多数の法律が制定され、補助金の体系もこのような考え方で再編されてきました[1]。

いくつかのシンクタンクなども、たとえば指定管理者制度の導入の地方自治法改正の際には、「2兆円市場」などとあおっていました。

3　自治体民営化を進める制度とその特徴

地方自治体の公共サービスを民間事業者にまかせる方法は、業務委託契約の方式でかねてよりありましたが、「PPP/PFI」を推進する政策の中で広げられてきました[2]。

(1) 立法の経過

1999年以降の新しい法制度は次のようにつくられてきました。新規

図表Ⅱ-1 民営化にかかわる法の動き

1999 年	PFI 法
2002 年	構造改革特別区域法
2003 年	公の施設の指定管理者（地方自治法改正）　地方独立行政法人法
2006 年	市場化テスト法
2009 年	公共サービス基本法　野田市公契約条例
2011 年	東日本大震災　総合特別区域法　PFI 法改正
2013 年	国家戦略特別区域法　PFI 法改正
2015 年	PFI 法改正
2017 年	地方独立行政法人法改正
2018 年	PFI 法改正　水道法改正
2022 年	PFI 法改正

出所：著者作成。

図表Ⅱ-2 制度相互の関係

地方自治体	地方独立行政法人	営利企業	NPO
法人格	別法人	会　社	NPO 法人
事　業	移　行	（規制緩和・特区）	
施設建設		PFI	
施設所有	出　資	（PFI）	
施設管理		指定管理者	
職　員	移　行	非正規・派遣等	ボランテイア

➡ ➡ ➡ ➡ ➡市場化テスト➡ ➡ ➡ ➡ ➡ ➡ ➡ ➡廃止

出所：著者作成。

立法だけでなく多数回にわたり、法改正が行われて民間事業者にとって使いやすい法律にされてきています（**図表Ⅱ-1**）。

　これらの制度の相互関係を簡単にまとめると、**図表Ⅱ-2**のようになります。

　左端が、憲法や地方自治法で想定されている、本来あるべき地方自治体の姿であり、県や市区町村という独自の法人格を持ち、事業を営み、施設を建設・所有・管理し、職員として任用します。営利企業に

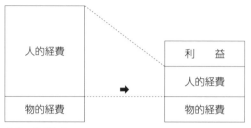

図表Ⅱ-3　経済的な特徴

出所：著者作成。

まかされた姿は二列右にあり、営利企業である株式会社が参入し、分野ごとの規制緩和や地域ごとの「特区」という制度で民間事業者が参入しやすいように規制緩和します。施設の建設や所有を営利企業にまかせる制度がPFIで、施設の管理を営利企業にまかせるのが公の施設の指定管理者制度です。公共サービスの担い手はしばしば非正規・派遣に置き換えられます。地方独立行政法人は中間形態です。右端にNPOやボランティアがあり、公共サービスを、最低賃金をはるかに下回る賃金水準でまかせることが広がっています。下の枠外の「市場化テスト」は官民の競争入札の手続きです。地方自治体の側の情報は人件費も含めてすべて情報公開されているのに対して、民間企業の側は、「企業秘密」として人件費などは公開しないため、多くの場合民間に仕事が移ります。

　PPP/PFIなどの自治体民営化には、共通する経済的な特徴があります。それを表現するのが図表Ⅱ-3です。

　左側が行政の担当する場合の経費で、「物的経費」と「人的経費」の他には経費はかかりません。地方自治体は、利益を上げて利益配当する必要がありませんし、事業の収入から役員報酬を支払う必要もありません。右側が民営化されたときの経費で、行政が直接担当していては高くつくとして民営化が推進されるので全体の高さが小さくなり、

「物的経費」はほとんど変わらず、民営化されると「利益」や役員報酬の確保が必要になります。その結果、民営化により人的経費は3分の1程度に圧縮されます。

　わが国における地方自治体の公共サービスの民営化の経済的な特徴は、現場の担い手を非正規・派遣におきかえることにより、民間事業者が利益を確保するというものです。

4　PPP/PFIの問題点

　PPPは、定義もあいまいで、統計的に正確には把握されていません。PFIは、内閣府が情報を整理していて、教育と文化（社会教育施設、文化施設等）分野で292件の事例があるとされています[3]。PPP/PFIについては、「VFM」「BOT」など多数の横文字が出ています。制度の意味が十分には理解されないまま、財政難でも立派な公共施設を建てられる特殊な手法であるかのように誤解する傾向もあります。しかし実際には、担当する民間事業者に長期間にわたる莫大な収益をもたらす一方で、さまざまな問題が起きています。

　たとえば、PFIによる財政の節約効果を、「VFM」（Value For Money）などの用語を用いて、細かい数値計算をし、いくら経費が節減できる、などと議論されますが、前提とする数値は根拠に乏しく、一定期間ごとの財政効果の検証もほとんど行われていません。国の会計検査院も、PFIに多くの契約不履行があり、またコスト削減の効果が検証されていない事例のあることを指摘しています[4]。

　公共施設の建設・運営について、質が高くてかつ経費も安いということはありません。経費を削減しようとすれば質は下がりますし、質を維持しようとすると、経費は容易に減りません。これまでにPFIで発生した問題として、次のようなものがあります。学校施設について

も、このような問題が発生するおそれがあります。

(1) 事故と損失の分担が問題となる

　PFIでは、設計・仕様・管理を民間事業者にゆだねているため、ひとたび事故や損失が発生すると、その責任分担が問題となり、原因が民間事業者の取組みの結果であっても、地方自治体は責任を免れないのが一般的です。

　仙台市の「スポパーク松森」は、ゴミの焼却熱を利用した温水プールですが、開館1か月後の2005年8月に起きた宮城県沖地震で、曲面にデザインされた屋根の下の天井が崩落し、泳いでいた多数の住民が重症を負う事故が発生しました。市の賠償責任が問題となり、最終的には仙台市が賠償金を負担することになっています。北九州市のひびきコンテナターミナルでは、担当する民間事業者が経営破たんし、市が40億円を負担して買い取っています。

(2) 乏しい経費節減効果

　民間事業者は収益をあげるために参入するため、地方自治体の負担する費用の削減が実現するとは限りません。高知県・高知市の高知医療センターの建設・運営では、民間事業者は、民間なら予算単年度主義のしばりがなく材料費を安くできると主張して落札しましたが、経営改善の効果はあがらず、契約解除となりました。滋賀県近江八幡市立総合医療センターでも2009年3月にPFI事業の契約が解約されました。滋賀県野洲市立野洲小学校・野洲幼稚園の増改築と清掃など施設の維持管理のPFIでも、委託契約を解除したところ、経費は年間約5億円節約と伝えられます。

(3) 事業者と行政との癒着

　特定の民間事業者が長期間にわたり膨大な利益を得るため、事業者と行政との癒着が問題となります。北海道岩見沢市では、生涯学習センターの整備事業の建設維持管理を担当する PFI 事業者の関係者が、落札に先立ち、市長に対して 5 年間にわたり多額の政治献金をしていたことが発覚し、公正さが疑われています。高知県・高知市の病院 PFI でも、元病院長が PFI を担当する民間事業者の関係者から賄賂を受け取る刑事事件が起きています。

(4) 住民や職員、議会の立場の後退

　20 年間など長期間にわたり公共施設の管理や運営を民間事業者にまかせれば、情報も住民や議会に対しては開示されなくなり、住民や議会は資料に基づく適正な判断ができなくなります。各地で民間事業者の経費の内訳を、住民が情報公開請求したり、地方議員が資料要求しても、民間事業者のノウハウであるとして、開示されない事例が相次いでいます。

5　合築・併設を推進する PFI 法一部改正

　PFI 法は数回にわたり、民間事業者が活用しやすいように法改正が行われてきました。学校施設との関係でとくに注意を要するのは、2013 年の PFI 法改正です。

　このときの法改正は、「PPP/PFI の抜本改革に向けたアクションプラン」（PFI 推進室、2013 年 6 月 6 日）に基づき、「民間資金等活用事業推進機構」（公布 PFI 法一部改正、2013 年 6 月 12 日）を創設し、「株式会社民間資金等活用事業推進機構支援基準」（内閣府告示、2013 年 10 月 4 日）を策定し、PPP/PFI についての財政支援を盛り込んだも

のとなっています。そして、「民間の資金、経営能力及び技術的能力の活用」の例として、「附帯収益事業（ア合築型　イ併設型）」や「公的不動産の有効活用」が明記されています。

　そもそも PFI は、「Private Finance」すなわち民間資金を活用することが制度の本来の意味でしたが、このときの法改正を境にして、PFIは、「PFI にすれば財政支援が得られる」制度となりました。報道でも、「安易な道に流れるな」これでは「新たな公共事業」ではないか、と批判するものも出てきました[5]。

　これ以降、地方自治体が議会や住民参加の議論によって公共施設のあり方を議論していくよりも、PFI で民間企業にまかせれば補助金が出る、という風潮が強まり、地方自治体の公共施設についての政策を大きくゆがめていくことになりました。

注
1　経済界が主導して PPP/PFI を推進してきた経過は、2001 年以降の「経済財政諮問会議」の記録などにみられる。
2　それぞれの法制度の解説の詳細は、尾林芳匡『自治体民営化のゆくえ──公共サービスの変質と再生』自治体研究社、2020 年などを参照。
3　内閣府「PFI 事業の実施状況」2021 年 3 月。（https://www8.cao.go.jp/pfi/whatsnew/kiji/jigyoukensuu_r2.html）
4　会計検査院「国が実施する PFI 事業について」2021 年 5 月 14 日。（https://www.jbaudit.go.jp/pr/kensa/result/3/r030514.html）
5　「PFI 推進　安易な道に流れるな」『朝日新聞』2014 年 3 月 25 日付。

第4章

進められてきた公共施設再編の政策

1 公共施設適正化計画

　総務省は、地方行政改革の一環として、公共施設の統廃合を推進してきました。これは、PFI 法の 2013 年改正で公共用地の民間との共同利用や、合築型の公共施設への支援が定められたことを受けてのものであると思われます。

　この政策は、「公共施設等の総合的かつ計画的な管理の推進」をはかることをうたって進められてきました。わが国では、「公共施設等の老朽化対策が大きな課題となって」おり、地方自治体は「厳しい財政状況が続く中で」、今後「人口減少等により公共施設等の利用需要が変化していくことが予想されることを踏まえ」て、「早急に公共施設等の全体の状況を把握し、長期的な視点をもって、更新・統廃合・長寿命化などを計画的に行う」としています。

　そのねらいは、「公共施設等の最適な配置を実現する」ためであるとか、「地域社会の実情にあった将来のまちづくりを進める」ためであるとか、東日本大震災を受けてさかんに言われるようになった「国土強靱化」にも資するなどと言われますが、最大のものは、「財政負担を軽減・平準化する」ことです。

　政府もいわゆる「骨太方針」[1]で、「インフラの老朽化が急速に進展

する中、『新しく造ること』から『賢く使うこと』への重点化が課題である。」と閣議決定し、総務省としても地方自治体に対して「国の動きと歩調をあわせ、速やかに公共施設等の総合的かつ計画的な管理を推進するための計画（公共施設等総合管理計画）の策定」を求めました[2]。

これを受けて各地方自治体が、公共施設の統廃合の計画を立案して実行するようになってきています。

2 公共施設の本来の意義と役割を考える

(1) 地方自治法と「公の施設」

公共施設は一般に、地方自治体が設ける「住民の福祉を増進する目的をもつてその利用に供するための施設」であり、地方自治体は、「正当な理由がない限り、住民が公の施設を利用することを拒んではならない」し、「住民が公の施設を利用することについて、不当な差別的取扱いをしてはならない」とされています（地方自治法244条）。

財政事情から公共施設を統廃合することは、「住民の福祉の増進」にとってマイナスであることもあるし、あまりにも遠方の公共施設に統廃合してしまうことは、事実上遠方に居住する住民の「利用を拒む」ことにもなりかねません。あるいは居住する地域により、大きな利便性の高い施設のある地域の住民との関係で、公共施設を廃止される地域の住民に対する「不当な差別的取扱い」となることもあり得ます。

公共施設の再編の議論は、慎重な上にも慎重に、地方自治体の各地域の住民の福祉と利便性の調整を、住民参加で、議会でも繰り返し審議をして、進めていくべきものです。まちがっても、「まとめて大きなものにすれば補助金が出る」などの安易な議論は許されません。

(2) 各分野の公共施設の意義と役割

公の施設一般についての考え方だけでなく、各分野の公の施設については、それぞれの個別法が存在意義と役割を定めています。たとえば次のようなものです。

保育所は、保育を必要とする子どもの保育を行い、その健全な心身の発達を図ることを目的とする児童福祉施設であり、入所する子どもの最善の利益を考慮し、その福祉を積極的に増進することに最もふさわしい生活の場でなければなりません（児童福祉法39条）。

図書館は、国民の教育と文化の発展に寄与するために、図書、記録その他必要な資料を収集し、整理し、保存して、一般公衆の利用に供し、その教養、調査研究、レクリエーション等に資するものとして、地方自治体等が設置します（図書館法1、2条）。

公民館は、市町村が、実際生活に即する教育、学術及び文化に関する各種の事業を行い、住民の教養の向上、健康の増進、情操の純化を図り、生活文化の振興、社会福祉の増進に寄与するために設置する施設です（社会教育法20条、21条）。

各分野の公共施設について、個別法がそれぞれの存在意義を規定しているのは、それぞれの公共施設が基本的人権の保障につながるものであるためです。児童・生徒あるいは学生・社会人の学び成長する権利（憲法13条、26条）、知る権利や集会の自由（憲法21条）などです。公共施設の「適正配置」と言うとき、それぞれの地方自治体の当面の財政事情のみを大きく考慮し、それぞれの公共施設が担ってきた基本的人権の保障をおろそかにすることがあってはなりません。

(3) 公共サービスの5つの視点

公共施設の設置管理を含む公共サービスについて、もともと次のような性質があります。公共施設の統廃合や適正配置を考えるうえでも、

このような視点で考えることが重要です[3]。

① 専門性・科学性

　公共サービスの内容や基準には、住民の安全を保障するための専門的・科学的な英知が盛り込まれています。たとえば、社会福祉施設の職員配置基準や施設基準などです。

② 人権保障と法令遵守

　公共サービスは、住民の基本的人権の保障を担うものであり、法令を遵守して行われなければなりません。したがって公共サービスを担う事業者については、過去の事故歴・不法行為歴・違法行為歴が開示され、十分に審査されるべきですし、問題があれば担い手とされるべきではありません。

③ 実質的平等性

　公共サービスは、所得や費用負担能力の格差によらず、実質的な意味で平等に保障されるべきものです。

④ 民主性

　公共サービスは、関係する情報が十分に公開され、住民の意思が反映され、議会が監視してサービスの質を高めるために関与するべきものです。

⑤ 安定性

　公共サービスは長期間にわたり安定的に行われなければなりません。

注

1　内閣府「経済財政運営と改革の基本方針〜脱デフレ・経済再生〜」2013 年 6 月 14 日閣議決定。

2　総務省「公共施設等の総合的かつ計画的な管理の推進について」2014 年 4 月 22 日。

3　前掲注 2 参照。

第5章

学校施設の役割と内容

　学校施設の役割とそなえるべき内容は、どのようなものでしょうか。

1　教育を受ける権利

　学校施設は、教育を受ける権利（憲法26条）の保障のためにあります。

　教育を受ける権利は、国民が国に対して要求できる基本的人権の1つです。教育を受ける権利の性質の解釈にはいくつかの説があり、プログラム規定説、抽象的権利説、具体的権利説があります。このうち、まったく権利としての性質を認めないプログラム規定説を採らない限り、いったん法令により具体化された、学校施設において教育を受ける権利は、基本的人権として最大限に尊重されなければなりません。これを財政事情等の理由で後退させることは許されません。具体化された教育を受ける権利を保障するために、国や地方自治体には財政を確保する責任があります。

　これは、国際的な条約でも認められた考え方です。「経済的、社会的及び文化的権利に関する国際規約（社会権規約）」13条は、義務的でかつ無償の初等教育と、漸進的無償化の導入により全ての者に対して中等教育、高等教育を受ける機会均等を求めています。

　人口減少の傾向や地方自治体の財政事情を根拠として、学校施設の

統廃合や共用を推進する議論にあたっては、憲法上の権利としての、学校施設で教育を受ける権利を後退させるのではないかの検討が必要です。

2 公共サービスの視点と学校施設

公共サービスの5つの視点から考えたとき、学校施設の再編について留意されるべき点は次のような点です。

① 専門性・科学性

学校施設がそなえているべき施設として、教室・運動施設・専科の教室などがあり、いずれも教育を受ける権利の内容として具体化され整備されてきたものです。これらを損なうべきではありません。

② 人権保障と法令遵守

法令遵守は当然ですが、学校施設により教育を受ける権利の保障として、安全性や通学の負担の軽減などが必要です。

③ 実質的平等性

統廃合は居住地域により通学の時間的経済的負担に大きな差をもたらします。平等性を損なわないよう配慮が必要です。

④ 民主性

住民・職員の意見を尊重したえず改善の努力がなされるべきですし、教育条件の整備については情報が公開されて議会も関与すべきです。担当する民間事業者の「企業秘密」を理由として改善のための議論が妨げられてはなりません。

⑤ 安定性

施設としても堅牢さが必要ですし、管理としても安定した人的体制によることが求められます。この点で、商業施設との合築は

問題です。

3 「学校施設整備指針」から

「学校施設整備指針」には、学校施設に求められる内容として、次のような事項が定められています[1]。

ア 健康的かつ安全で豊かな施設環境の確保

(1) 児童等の学習及び生活の場として、また、教職員の働く場として、日照、採光、通風、換気、室温、音の影響等に配慮した良好な環境条件を確保する

(2) 障害のある児童にも配慮

(3) 十分な防災性、防犯性など安全性を備えた安心感のある施設環境

(4) 児童の多様化に対応するとともに、児童がゆとりと潤いをもって学校生活を送ることができ、他者との関わりの中で豊かな人間性・社会性を育成することができるよう、生活の場として快適な居場所を計画する

(5) 地域の自然や文化性を生かした快適で豊かな施設環境を確保するとともに、環境負荷の低減や自然との共生等を考慮することが重要である。

イ 地域の生涯学習やまちづくりの核としての施設の整備

(1) 地域住民にとって最も身近な公共施設

(2) まちづくりの核

(3) 生涯学習の場として施設のバリアフリー対策を図る

(4) 必要に応じ他の施設等との連携や、災害時における地域の避

難所としての役割を果たす

(5) まちづくりとの関係に配慮し景観や町並みの形成に貢献する

　学校施設の再編の議論にあたっては、学校施設に求められるこのような性質が損なわれないかの慎重な検討が必要です。

4　社会教育法と学校施設

　社会教育法も学校施設を社会教育施設として利用することを規定しています。すなわち、地方自治体の教育委員会など学校の管理機関は、学校教育上支障がないと認める限り、その管理する学校の施設を社会教育のための利用に供するように努めなければなりません（社会教育法 43～48 条）。

　学校施設が、学校教育だけでなく、社会教育のための施設でもある以上、学校施設の再編は地域住民全体の問題であり、住民が参加した議論が求められることになります。

注
1　文部科学省「学校施設運営指針」2022 年 6 月改定。

第6章

学校施設と PPP/PFI

　文部科学省は、「文教施設分野における多様な PPP/PFI 事業等の調査研究協議会」を設けています。

1　文部科学省が推進する学校施設の PPP/PFI

　文部科学省は、「学校施設等の文教施設は、全ての公共施設の約4割を占めており、急速な老朽化の進展により、維持管理費や更新費等の増大が見込まれて」いるとし、「限られた予算で効率的かつ効果的な施設整備」を行い、「維持管理等の水準を向上させていくため」に「文教施設分野における積極的な PPP/PFI 手法等の活用が求められ」るとしています。

　そして、「文教施設の整備に PPP/PFI 手法を導入する際に気を付けるべき主なポイント」として、「事業目的の明確化、検討体制の構築、将来の変動要素を見越した施設整備・維持管理方針の検討、事業手法の比較・検討、導入効果等の検討、民間事業者の創意工夫を引き出す工夫」などをあげます。

　具体化の段階では、「事業期間、リスク分担、多様な財源の確保が課題となる」とし「民間事業者の意向把握が重要です」などとしています。

　事業の実施段階では、「サービスの適正な水準を保つモニタリング」

や「ノウハウの継承が重要です」などとしています。

2　文部科学省のPPP/PFI推進に欠落した 教育権の保障

　文部科学省による学校施設についてのPPP/PFIの推進は、教育を受ける権利を保障する視点が欠落しているものと言わざるを得ません。これまでに確立した学校施設の水準は、具体化された教育を受ける権利として最大限の尊重が必要であるのに、そのような視点はなく、むしろ、財政上の事情を重視しています。また、「民間事業者の意向把握」とは、「サウンディング調査」と言われ、住民・職員の意向ではなく民間事業者が収益をあげる上でどの程度施設を簡素化したらよいか、どの程度規模を大きくしたらよいか、という意向調査をすることを意味しています。民間事業者の収益を優先的に検討すれば、施設は省くほどよく、統廃合により規模を大きくするほど収益はあがりやすくなるのですから、本来の学校施設がそなえるべき性質は、大きく後退させられるおそれがあります。

3　文部科学省の「事例集」

　文部科学省はまた、学校施設のPPP/PFIの事例集[1]で、「財政負担の軽減・平準化、効率的な維持管理、運営の実現といった経済的効果」のほかに、「交流の促進やにぎわいの創出といった社会的効果がある」などと効果を強調しています。

　しかし、学校施設について考える限り、静謐な環境がむしろ必要であり、にぎわいの創出が「社会的効果」とは言えません。

　そもそも、この「事例集」で文部科学省があげる事例15のうち、学

校についてのものは、札幌市、川崎市、京都市、香川県まんのう町のものであり、学校施設についてのPPP/PFIは、まだまだ広がっているとは言えません。

4 地方自治体での慎重な議論が必要

会計検査院が国のPFI事業について批判的な報告書を公表した2021年5月以降、地方自治体ではPFIについていったん立ち止まる例が増えています。

茨城県石岡市では、複合文化施設についての調査費を議会が否決し[2]、香川県観音寺市では、新学校給食センターの債務負担行為が議会で否決され[3]、富山県は県立武道館のPFIを断念しています[4]。

学校施設のPPP/PFIについては、住民や職員の参加により、議会でも慎重の上にも慎重な議論が必要であると言えます。

注
1 文部科学省「文教施設における多様なPPP/PFI事例集」(https://www.mext.go.jp/content/20200417-mxt_sisetuki-1406650_00001-001.pdf)
2 茨城県石岡市「茨城・石岡市複合文化施設　調査費予算案を否決」『茨城新聞』2022年9月15日付。
3 香川県観音寺市「新学校給食センター　債務負担行為を否決」『四国新聞』2022年10月12日付。「議長が異例の反対討論　観音寺市議会で新給食センター巡る議案否決」朝日新聞DIGITAL、2022年10月12日。(https://www.asahi.com/articles/ASQBC7RLBQBCPTLC011.html)
4 富山県「県武道館PFI導入「困難」県議会で新田知事、27年度開館日程が理由」『北日本新聞社』2023年6月16日付。

Ⅲ

学校をめぐる PPP/PFI に関する事例

山本由美・尾林芳匡

第7章

学校施設整備と PPP/PFI に関する具体的な動き

1　京都府京都市●子どもの教育権保障の格差と欠落

　京都市立京都御池中学校は、乳幼児保育所、老人デイサービスセンター、在宅介護支援センター、オフィススペース、拠点備蓄倉庫、御池通の賑わい創出に資する施設による複合施設を整備し、維持管理・運営を民間事業者が担当しています。市内中心部の3校を統合し、既存中学校校舎を活用して2003年4月に京都御池中学校を開校し、もとの中学校の敷地に複合施設を整備しました。京都市初のPFI事業としてスタートしました[1]。

　2007年に「構造改革特区」として京都市小中一貫教育特区が認定され、御池中学校は、御所南小学校、高倉小学校とともに2小1中で、離れた施設を用いる「施設併用型」小中一貫校として、「施設一体型」小中一貫校である花背中学校と共に最初の導入例となりました。その後、京都市ではすべての学校を小中一貫教育プログラムの対象としています。

　2003年、テレビ番組で民間学力テストで「学力日本一」だったと報道された御所南小学校では、その後、学区のマンションなどを購入し入学する層が増えたことから、生徒数が開校時の約600名から約1200名まで増加し教室不足となりました。校庭のプレハブ校舎で対応して

いましたが、高倉小学校と共に小学校6年生だけが進学する先の御池中学校の教室を間借りするようになりました。その際、京都市では、そのような「併用型」小中一貫校のみ、小中一貫カリキュラムを「5・4」制で実施するようになったのです。それは6年生のみが中学校で学ぶ「根拠」となりました。

　それに対して、その他の市内「一体型」小中一貫校はすべて、広島県呉市でスタートした、小中一貫教育では定番の「4・3・2」制カリキュラムを導入しています。小5から子どもの自己肯定感が低下するので、4年生と5年生の間に教育課程の区分を置くという「4・3・2」制の根拠は、検証が不十分であったとは思われます。しかし小と中をつなぐ根拠として広く普及しました。当時は全国の小中一貫校の約7割がこの「4・3・2」制を導入しており、「5・4」制は極めてまれでした。京都市教育委員会は「小中学校の施設などが独立しながらも、児童・生徒が柔軟に相互の校舎を活用した小中一貫教育」と称していますが、果たしてカリキュラムの区分自体に科学的根拠があったのか、検証が必要でしょう。

　御池中学校の施設には多額の予算がつぎ込まれています。それは、市内の他校の校舎の多くが老朽化したままにおかれているのとは対照的なものでした。

　1階は飲食店などが入り、6〜7階のオフィススペースを転用して6年生の教室などのスペースなどにしています。児童の学ぶ環境として、授業時間に教室で学び、休み時間に校庭で遊ぶという学校生活が可能なのか、学びと遊びのバランスが危惧されます。また小学校の最高学年として「リーダーシップを発揮する」機会が発達段階的にも重要とされる時期に、小学校集団から切り離されて1学年のみ日常的に中学校で生活することの問題点についても、教育学的な検証が必要であると思われます。

なお、御池中学の PFI 複合施設事業は、2021 年に 17 年間の期間満了を迎え、当初は更新が予定されていましたが、協議の結果見送られ、施設は市の施設となりました。

2　埼玉県越谷市●担当事業者の選定が不透明な事例

　埼玉県越谷市では、小中一貫校整備事業が進められています。市は小中一貫校 3 校を新設する方針で、新校舎が必要な「蒲生学園」の建設と 15 年間の維持管理および「川柳学園」の建設を、PFI 方式で実施する計画を進めました。2021 年 12 月に事業者を公募し、選定審査会の委員 3 人が入札の「価格」と提案内容の「性能」で審査し、2022 年 6 月に約 142 億円で落札グループが決定しましたが、2022 年 9 月議会で契約議案が大差で否決されました。市は市議会から指摘を受けた選定審査のあり方を見直して入札を再公告し、開校時期を 1 年遅れの 2027 年 4 月と見込んでいます[2]。担当事業者の選定が不透明で市議会の理解が得られなかった事例です。以下、その経緯を詳しく見てみます。

　越谷市の小中一貫校三学園構想については、ニュータウンの急激な児童数増加に対して、2019 年 2 月に突然、市長部局と教育委員会による案が市議会議員に示されたものです。それは、蒲生地域の隣接した小学校 2 校と南中の 1 部からなる 1600 人規模の「蒲生学園」、川柳小が 1500 人を超えることから、5、6 年生だけを南中学敷地に移動させて小と中を合わせた「川柳学園」、そして小中別敷地の既存校舎を使った「明正学園」からなる計画でした。児童急増に対して新たな小中学校を開設せず、小中一貫校化による施設の共用化と大規模化で対応しようとするもので、子どもたちへの負担が懸念されました。それに対して教職員組合の教師、市民らによる「市民の会」が結成され広範な

反対運動が起きました。

　しかし市は2021年8月に小中一貫校整備PFI事業実施方針を公表し、内容を修正しながら「民間の資金、経営の力の活用、長期的な観点で事業コストの縮減」をメリットとしてあげ計画を進めました。方針の内容は、「質の高い教育環境」「防災拠点機能の充実」など6項目の最後に「ライフサイクルコストの縮減」という異質な内容がもりこまれたものになりました。事業の総額は約130億円で、PFI化により約4億円のコスト削減が宣伝されました。計画はスケジュールありきで進められ、地域や保護者の「作りたい学校」をどうするか、といった合意形成を図るのではなく、業者募集、選定スケジュール提示、入札、募集手続き、資格要件の確認といった手続きが次々に進められていきました。

　入札に参加した企業の事業内容を吟味する「小中一貫校事業選定審議会」には、法定上限の5人ではなく、建築の専門家など3名が任命されました。しかし2社が参加した入札の結果、選定された業者は市議会で22対9で否決されました。議会で問題になったのは、入札に際して高い「価格」を示した市内の水道事業の企業を中心とする事業体が「性能評価」で他社を上回り、選定されたという結果でした。「価格」と「性能評価」の評価の配点割合に事前に変更があったこと、大規模事業なのに委員が条例上上限の5人ではなくて3人だったことなどが、議会の否決理由として指摘されています。

　そこで、市は審議会委員を5人に変更するなど制度の見直しをした上で2度目の入札を行わざるをえなくなり、結果的に学校開設は1年延期されることになりました。延期に伴う追加支出は2億7千万円と算出されています。

　しかしすでに2022年度に蒲生地区の2小学校は統合され、片方の校舎は新校の工事を行うため解体されてしまいました。その結果、2校

分の生徒が1校の校舎にプレハブ仮設教室を加えて過密になった状態で、工事期間を1年延長して過ごすことを余儀なくされています。また「川柳学園」に移行予定の小学校も、児童数は増加し続けているため、開校延期により仮設教室を追加して対応せざるを得なくなりました。

　結局2023年に行われた再入札で、初回と同じ、市内水道事業の企業を中心とした事業体の落札により決定しました。しかしそこまでの様々な混乱があったこともあり、当該校への移動を希望する職員が少なく、事務職などは臨時採用職員で対応している状況があること、仮校舎への大人数の収容が長引くことになり、子どもたちに落ち着かない状況が生まれていることを一部の学校関係者は指摘しています。また、建設専門の企業ではなく水道事業を担っている企業が設計、建設などを受託した点について、不安を感じているという市民の声も聞かれます。いずれにせよPFI活用のリスクが現実になってしまった計画と言えるでしょう。

3　東京都渋谷区●学校統廃合が再開発にねらわれる

　東京都渋谷区は、「学校施設長寿命化計画」や「渋谷区『新しい学校づくり』整備方針〜学校施設の未来像と建て替えロードマップ〜」（2023年5月改訂）などを策定し、統廃合・複合化・PPP/PFIを推進しています。計画では、区立小学校18校、中学校8校、幼稚園5園について、老朽化対策として学校施設の統廃合・複合化などを進めています。「渋谷区学校施設長寿命化計画」では、小学校の「学級規模の格差が大き」いことを問題とし、地域名をあげて、学校再編（学区変更、統廃合）の「検討の必要性がある」としています[3]。

　その背景には、再開発があります。「渋谷区公共施設等総合管理計

画」は 2022 年に改訂されていますが、施設跡地の活用について「民間・事業者等への貸付けや売却等の有効活用を図り、公共性や公益性のある新たなサービスの購入・区財政税外収入確保」というこれまでなかった記載が新たに加えられています。

　計画公表後の 2021 年 6 月から「渋谷区学校の在り方検討委員会」が教育委員会の諮問を受けて、区内の適正配置・適正規模について新たな検討を開始しました。そこでは区内を 3 つのブロックに分けて、将来「12 学級以下」の「小規模校」となる学校を抽出しました。また老朽化した校舎の改修とともに、公共施設の「複合化」「多機能化」を進めていくことが確認されました。

　他方、渋谷区は児童・生徒数は増加しており、統廃合を行った本町学園や山谷小では教室不足が問題になっていました。結果的に「小規模校が適正規模になるように再配置」するとしながらも、3 ブロックで各 1 校ずつの小と中を統合した施設一体型小中一貫校を建設する計画が打ち出されました。いずれも、片方の校地にもう 1 校を移動・合併させ、1 校の校地を空ける方式です。工事期間は、児童・生徒は、青山病院跡に設置された渋谷区共通の仮校舎を順次利用することになります。

　統合対象校は必ずしも小規模ではなく、神宮外苑前地区、広尾地区など土地価格の高い地域に立地しています。再編、移転した学校の跡地利用方法は「工事のための仮校舎利用や第 2 グランドとして活用も考える」に、「今後の地域ニーズを踏まえて有効活用する」が追加されました。

　渋谷区は、2012 年と早い時期に 2 小学校 1 中学校を統合して施設一体型小中一貫校、「本町学園」を開設しています。しかし保護者に反対の声もあり、開校前に転校や不登校が起きるなど混乱したにも関わらず、区はその後の検証を行わず、今日新たに施設一体型小中一貫校計

画に着手しています。

　また、学校統廃合を行うわけではありませんが、神南小学校の改修に当たっては、区の「学校施設長寿命化計画」での決定に併せて、「公園通り西地区市街地再開発準備組合」の市街地再開発事業の一環としても計画されています。

　具体的には、校地を隣接するマンション業者に貸与し、容積率が上がることでいわゆるタワーマンションの建設が可能になった業者が小学校も同時に新築するというPPPの手法を用いた計画が進行しています。完成した学校施設が区に貸与されることで、建設費用の大幅な削減が可能になると区は説明しています。すでに2022年6月に「建て替え総合事業支援業務委託」の公募型プロポーザルが行われ、建設業の企業が選定されています。

　これらの計画に対して、小規模校のよさや地域のコミュニティーの拠点を守るべきであるとの意見、複合化によって構造が複雑化しコスト増や工期長期化のおそれがあるのではないか、児童・生徒一人当たりの校庭面積が減ってしまうのではないか、PPP/PFIでは区民の声よりも事業者の利益が優先されるのではないか、などの批判の声があがっています。

4　東京都町田市●PFIモデル地区として推進事例

　東京都町田市では本町田・南成瀬地区の小学校を統廃合する計画をPFI方式で進めています[4]。2040年度までに目指す市の姿として、市内の公立小を42校から26校に減らす計画を策定し、その一環としての統廃合です。市内の公立小42校のうち37校を、隣接する2〜3校単位で統廃合する計画です。通学距離が3km近くなるケースもあります。地域コミュニティーや防災の拠点がなくなりかねず、反対の声が強く

あります[5]。

　都内でも早い時期に公団団地などの少子高齢化が進んだ町田市では、1996 年に教育委員会が「町田市立学校適正規模・適正配置等審議会」に適正配置・適正規模について諮問し、1998 年に答申が出されています。そこでは小中学校は「12〜18 学級」が「適正規模」、「6 学級以下」が「過小規模校」と定められました。

　それを受けて、本町田、忠生地区を中心に 7 小学校、2 中学校が廃校になりました。特に、現在廃校計画が出ている本町田地区では 2002 年に 3 小学校の統合により本町田小学校が開校されましたが、統合後子どもたちの「荒れ」が問題となりました。他方、市内で児童・生徒増の地域もあり、3 小 1 中が新設もされています。

　2016 年「町田市公共施設等総合管理計画」で公共施設再編が打ち出された後の 2019 年 8 月に、教育委員会は「町田市立学校適正規模・適正配置等審議会」に、学校再編の諮問をしています。その審議会は、人口 43 万人の町田市であるのに教育委員会以外の一般委員はわずか 8 名で構成され、6 回の審議のみで大規模統廃合計画につながる「答申」を作成しています。

　この審議会において、「適正規模」は、それまでの「12〜18 学級」から小学校は「18〜24 学級」、（中学校は「12〜18 学級」のまま）に拡大することが決定しました。その「根拠」は、実施した市民アンケートにおいて学年で「望ましい学級数」を聞いたところ「3 学級」が最も多かったという事実および、審議会での委員による過去の体験的な学級数談義・個人的な感想であり、教育学的な検証を経たものではありませんでした。小学校の「18〜24 学級」という「適正規模」は国内でも最大級であると思われます。そしてこの基準が、その後、統廃合の基準として計画化されていくことになりました。また委員の多くは次の計画に対応した「新たな学校づくり審議会」に委員として再任さ

れています。

　町田市の学校は、小中一貫校に移行している1地域を除いて、小規模校がほぼないのが特徴で、統廃合の緊急性がある学校はありません。しかし2021年に「町田市新たな学校づくり推進計画」で、各学校の学級数、生徒数を挙げずにいきなり「学校候補地一覧表」が公表され、2040年までの19年間に統合する対象校と統合予定地が明らかにされました。前回統廃合対象になった本町田地区の、小規模ではない小学校も対象校になっていました。予定されている3校の統合が実現すれば、一部の児童は路線バスでの通学をせざるをえない状況になります。

　「町田市立学校施設整備の基本方針」では、①学校用地の条件に応じて、②将来の環境変化に柔軟に対応する、に加えて、「③ライフサイクルコストをより少なくすることができる」「環境整備、管理費、修繕費、そして改築費を少なく」といったPPP/PFIの活用につながるかのような内容が盛り込まれています。

　ただし本町田地区、南成瀬地区の統合計画ではPFIの活用が予定されていますが、鶴川地区の統合計画では、予定されていません。この地域では、早い段階で地域の町会関係者から特定校の「統合要望書」が教育委員会に提出され、それに沿った小中学校の配置が計画された経緯があります。400名規模の小学校が2校に分割統合され、統合後は工事が継続される校地で数年間プレハブ校舎で過ごすといった、当該校児童にとってはデメリットが大きい計画になっています。

　2021年の推進計画公表後、市側は地域説明会、新たな通学区域ごとの意見交換会、新設校の基本計画検討会を開催するとしていますが、学校によっては保護者への説明会が充分に行われないまま、校名など具体的事項のみが計画検討会で決定されていく状況が生まれています。それに対して、各地域で保護者、住民、教職員による反対運動も起きています。

5 東京都東村山市 民営化を伴う学校を中心とした
　　公共施設の再生を問う

　東村山市では、民営化を伴う学校を中心とした施設「複合化」が一貫して計画化されてきました。2012 年という早い段階で、市民アンケート（18 歳以上無作為抽出）により、既存の公共施設の市民による利用状況について、公民館やコミュニティ施設は市民の多数が「ほとんど使っていない」、図書館は「5 割しか使っていない」といった結果が公表されています。このようなアンケートから「公共施設の利用率が低い、だから統合や廃止を」という結果を導き出す手法は全国でみられます。しかし実際にはその地域の市民にとって欠くことのできない施設であることが多いのです。

　東村山市では、そのようなデータを根拠に、2014 年の「公共施設再生計画」において「学校を核とした公共施設の再生」という市の方向性が示されました。さらに、2016 年「東村山市公共施設等総合管理計画」では、市内公共施設の約 60% を占める学校施設に対して、「特に老朽化が進行している」と名前をあげた 5 校の小学校、1 校の中学校から順番に「再生」の対象としていくことが記載されました。同時に、学校プールと給食施設についても老朽化が問題となっているので「従来の手法や発想にとらわれない」「機能の再編」を行うと述べられています。

　さらに 2021 年の「第 5 次行政改革大綱」では、大綱に基づいたタイムスケジュールで「小中一貫校等の検討」も行うとされていました。しかしその時点に至っても具体的な学校再編の方針や、学校統廃合を行うことになることについて市民に示されることはなかったのです。

　他方、市は 2018 年から「包括施設管理委託導入事業」を大和リー

ス株式会社に委託して進めてきました。これは市の公共施設全体の維持管理を、1つの企業に包括的に委託するものです。大和リースでは、公共施設再編をリードする東洋大学PPP研究センターのリサーチパートナー、国土交通省PPPサポーターでもある原征史氏が担当者となっています。

　市民に対しては、6年前からワークショップがたびたび開催され、地域にどのような「複合施設」が望ましいのか、希望を語らせる企画が継続されました。2021年3月に形にされた「施設再生ケーススタディ・ブック」では、具体的な校名をあげて「複合化」の具体例が示されました。例えば、化成小学校には、第1、第2児童クラブ、地域サービス窓口、社会福祉センター、民間のコンビニエンスストアを「複合化」する計画が示されています。その結果の「コスト削減効果」は約3億8200万円であり、管理コストは年1千万円、コンビニエンスストアの収益の一部を賃料、整備費、維持管理費に充てるといった財政的なメリットも示されています。他にも民間のスーパーやトレーニングジムを「複合化」する案も出されています。また、学校図書館と地域図書館を共有する施設「多機能化」などの事例も示されました。

　2023年5月2日、市議会定例会議で突然、教育部長から主要施策の説明の中で「年度末の公共施設再生アクションプランに向け、今後学校を核とした施設の複合化や多機能化等具体的な対応が必要」との発言がありました。さらに教育政策課長が「未来の学校づくり」へのビジョンを描く「プール集約化、学校外プールでの水泳授業実施」を4校に拡大などについて提起がありました。

　そして同年6月17日の市主催の「公共施設の再生に関わるシンポジウム」で、市民に向けて初めて計画が学校統廃合を含むものであることが公表されたのです。シンポジウムには、文科省企画調整官の小林正浩氏、研究者の倉科綾子氏（千葉工業大学）と大竹弘和氏（神奈

川大学）が参加しました。三者とも提起は共通した内容でした。例えば大竹氏は『学校という「ハコモノ」が日本を救う！』（白秋社、2022年）の著者であり、学校を〝地域の共有資産『ハコモノ』〟ととらえ、塾やスポーツ系施設、警備会社など民間事業に運営参入してもらうとともに、ボランティアが集う『中核』とするという持論を提起しました。氏はPFIの活用を推奨し、稼働率の低い学校施設を持論の官民連携の「地域交流デパートメント」に転じることで、教育格差の解消、地域の活性化などが実現できると持論を展開しています。

　現在、東村山市には小・中学校が22校あります。2060年の児童・生徒数の推計値（各4003人、2096人）を前提にして、学校教育法施行規則の標準学級数「12～18学級」から算定すると、市内には小学校7校、中学校3校、計「10校」の配置が「規模」として「適正」であると市は述べます。また、文科省の基準では小学生4km、中学生6kmが「通学距離」とされています。それに対し、市では通学距離はほぼ2km以内になるとします。全地域をこの2km圏ではカバーできるようにするためには、14校が必要であると結論付けるのです。つまり「配置」としては「14校」が「適正」だというのです。

　そして他の公共施設を14校の敷地に集中することにより、複合施設が市内全域に徒歩15分程度の圏内で通えるようになります。つまり学校と同時に、全ての公共施設を含む複合施設の配置としても「適正」になるというのです。

　これは学校統廃合計画としては、地域コミュニティについて全く考慮しない極端な「人数主義」で、東洋大学PPP研究センターが提起する統廃合方式と完全に一致します。さらに、他の複合施設の配置も重ねている点が特徴的です。そして、**図表Ⅲ−1**にみるように現在の校数を維持した「22校案」、「14校案」、「10校案」を比較すると、公共施設の面積とコストがそれぞれ大きく削減することが示されます。すな

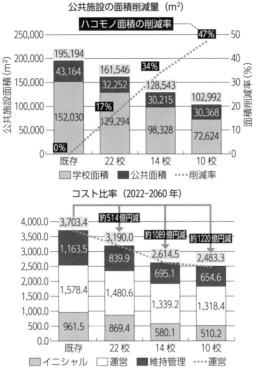

図表 Ⅲ-1　学校数別複合化シミュレーションによる面積とコスト削減比較

公共施設の面積削減量（m²）

注：令和4年度に実施をしたデータ分析において、既存の全公共施設を、現状の規模・用途・配置で建替え等を行う場合（＝【既存】）、現状の学校数である22校を維持する場合、学校数を適正規模の10校とする場合、適正配置の14校とする場合の、計4パターンで複合化シミュレーションを実施し、延べ床面積やコスト面の削減効果を比較したところ、表の通りの結果となりました。

出所：東村山市「公共施設再生アクションプラン（案）パブリックコメント用」2024年2月より。

わち、「14校案」にすると、面積で34％、コストで約1089億円、「10校」案にすると面積で47％、コストで1220億円削減できるとされています。このように教育行政が複数の案を出す場合、最低の案よりまだましな案を選ばせるように誘導する傾向があります。

　さらに、市内への施設の学校施設をどのように「集約」していくか

図表Ⅲ－2　学校施設を 14 校に集約するパターンのイメージ図

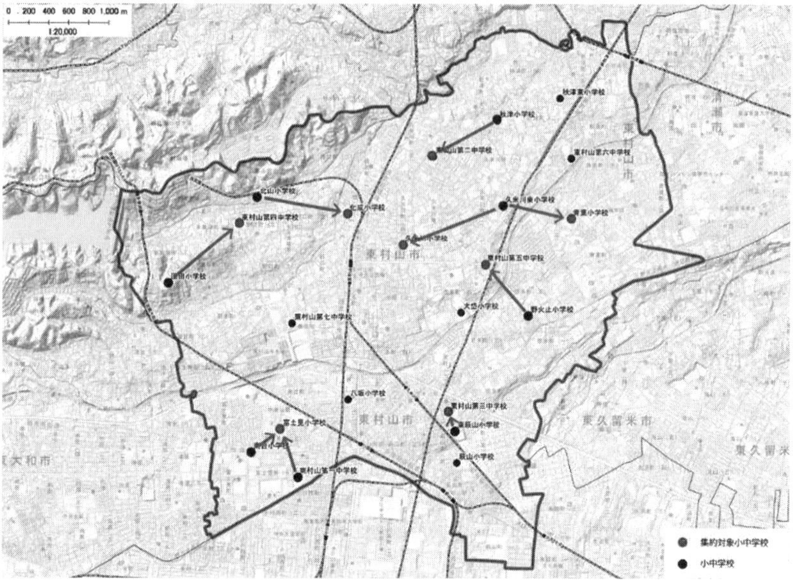

出所：図表Ⅲ－1と同じ。

が地図上に示されています（**図表Ⅲ－2**）。22 校の小・中学校が、14 校に統合されているのですが、小学校同士の分離統合、2 小 1 中の統合もあり、小と中の統合も 5 件みられます。すなわち小中一貫校に統合すると推測されるのですが、あくまで小中の「集約」としか表現されていません。これまで全国の自治体で小中一貫校を開設する場合は、一般的に小中一貫カリキュラムを根拠として「教育的効果」を根拠にしていく手法がとられてきたのですが、そのような説明は一切ありません。

2024 年 2 月 1 日に、それまでの内容をまとめて具体案を盛り込んだ「公共施設再生アクションプラン（案）」[6] が公表されました。

そこでは「学校を核とした公共施設の再生」の進め方には「3 つのパターン」があるとされます。第 1 に「学校建替え＋公共施設の複合

化・多機能化」、第2に「将来的な学校の移転・集約を含めたエリア全体での検討」（言い換えれば学校統廃合です）、第3に「既存学校施設のリニューアル改修」です。

そして以下の5つの指標に基づいて再編対象にする順番を決めるとしています。

①学校が標準使用年数に到達するか、

②学校に近接する公共施設が標準使用年数に到達するか、

③学校同士の近接度、

④児童・生徒数の減少傾向、

⑤用途地域、の5つの指標です。

この5点から各学校を点数化して加算し、点数が高かった学校から再編対象にしていくというのです。

「第1のパターン」は、老朽化した学校に、地域の公共施設を複合化するもので、まず筆頭に点数の高かった萩山小学校が対象とされています。その際、「維持可能・サービスの持続可能性を高める施設整備・維持管理・運営体制の実現」として、PPP/PFIの活用をすることが「持続可能性を高める」とされています。

具体的に、第1段階は「維持管理・修繕や複合化する公共施設を勘案した施設整備」、端的に言えば「設計・建設」に、DBM＋O方式（Design Build Maintenance Operation すなわち設計、建設、維持、管理を民間に委託する方式、）を活用するとしています。PPPの1方式である「DBM方式」とは「長期包括方式」といわれ、建設後3年間は建設事業者が施設を運営し、その後の運営は改めて事業者を選定するものです。市は15〜20年程度の長期包括運営委託契約を行うことになります。ただし学校に複合化する図書館などの公共施設の運営業務は「別途委託、又は指定管理者制度」を用いて、その運営の契約期間は1〜3年の短期間とするとされています。

そして、第2段階で「小学校の供用開始後に顕在化する地域ニーズ、学校ニーズを取り込むことのできる運営」、端的に言えば学校の「運営」には、PFI（BTM）＋O（Build Transfer Maintenance Operation、民間が建設した後、公共に戻す）を発注することについて述べているのです。すなわち、萩山小学校では「設計・建設」と、「運営」に別々の民間事業体に委託する方式になります。さらに「複合化」した公共施設も別の民間委託の方式を採用するという複雑な計画になっているのです。市当局は、萩山小学校のような小規模の施設では、委託する業者が採算が取りにくいため、第1段階ではPFI法の規制がないDBM＋O方式を取るのだと説明しています。

　さらに「第2のパターン」は完全な「学校統廃合」計画もしくは、実質的な学校統廃合である「小中一貫校」計画です。それはまず、第1中学校区を起点とした、富士見小学校、南台小学校を含むエリアの検討に適用されています。市によるタイムスケジュールでは「民間事業者の募集、選定、契約締結」が、第1方式同様すでに記載されています。まだ具体的に公表されないだけで「第1のパターン」同様、PPP/PFIの活用が予想されます。

　このように東村山市の学校統廃合計画は、施設「複合化」の一環としてとらえられ、当初から民営化の対象とされており保護者、市民が合意形成をして計画化していくという手続きがとられていません。また学校プールについても「複合化」に伴って廃止し、水泳授業を民営化していく計画が盛り込まれています。

　市民は寝耳に水の学校統廃合案に驚き、現在反対運動が組織されています。東村山市は小学校区を単位とした住民自治の伝統があり、学校と地域の結びつきには強いものがあります。小学校給食も自校方式で、一部は地産地消を取り入れ充実したものでした。また学校プールも全小中学校に配置され、夏季休業のプール開放も広く行われていま

した。今回の「アクションプラン」は、自治体の優れた教育条件を後退させ、子どもにダメージを負わせることが懸念されます。

　東村山市では、2018年の「第5次総合計画」以来進められてきた「学校の複合化など公共財産の民間市場への放出による都市再開発」などの改革の全体構造に対して、市民による「『みんなの公共』IN 東村山プロジェクト」が2023年5月に改革への対抗軸として提案を公表しています。

注

1　京都市立京都御池中学校については、中林浩「まちづくりにおける学校と小学校区の意味」山本由美・平岡和久編著『学校統廃合を超えて』自治体研究社、2022年等を参照。

2　「越谷市の小中一貫校　開校延期にくすぶる不信感　市議会が契約議案否決」東京新聞 TOKYO Web、2023年2月4日。(https://www.tokyo-np.co.jp/article/229277)

3　「渋谷区『新しい学校づくり』整備方針～学校施設の未来像と建て替えロードマップ～」2023年5月改訂。(https://files.city.shibuya.tokyo.jp/assets/12995aba8b194961be709ba879857f70/c7e837c9920b416ab5a8b20e670fc45e/01_New School_seibihousin.pdf)、渋谷区学校施設長寿化計画 (https://files.city.shibuya.tokyo.jp/assets/12995aba8b194961be709ba879857f70/868e22174bdb40a8a44ca50a9b817517/assets_kusei_000065074.pdf)

4　「本町田地区・南成瀬地区小学校整備等 PFI 事業実施方針」2023年10月31日修正、町田市。(https://www.city.machida.tokyo.jp/kodomo/kyoiku/keikakutou/kibohaiti/gakko-togo-kaichiku/new_school_project_maintenance/20230612143239063.files/jissihousinn_syuusei.pdf)

5　「小学校数減らす理由は少子化だけ？　町田市の公立小42校→40年度には26校へ」東京新聞 TOKYO Web、2023年1月1日。(https://www.tokyo-np.co.jp/article/223044)

6　「公共施設再生アクションプラン（案）パブリックコメント用」2024年2月、東村山市。(https://www.city.higashimurayama.tokyo.jp/shisei/keikaku/management_smartcity/shisetusaisei/files/actionplan_publiccomment.pdf)

あとがき

　公共施設「再編」は、地方自治体の財政や、少子化などを理由に急速に進められようとしており、学校施設もその渦中にあります。

　しかし、「再編」の声の出どころをたどっていくと、公有地を民間の営利事業に提供する政策や、公共施設を大規模化してその整備や管理によって収益を上げていこうとする民間事業者の経営戦略をみることができます。

　そして、学校教育や社会教育にとって、身近に施設が整えられていることは、もっとも大切な要素のひとつです。施設を整備し維持していくことは、憲法で保障された「教育を受ける権利」の保障そのものです。

　いま大切なことは、子ども・学生・社会人の「教育を受ける権利」や「学ぶ権利」を正面にすえ、社会教育施設や地域の重要な公共施設としての学校施設のあり方も視野にいれて、地域で住民参加の議論をしっかり起こしていくことではないでしょうか。

　この小冊子は、限られた事例から、そのような議論の参考となることを願って世に問うものです。住民の方たちの議論や運動を通じて、さらに多くの経験が寄せられ、交流が進むきっかけとなれば、幸いです。

　2024 年 2 月

尾林芳匡

［著者紹介］

山本由美（やまもと　ゆみ）
和光大学教授、東京自治問題研究所理事長
専門は教育行政学、教育制度。

主な著作

『教育改革はアメリカの失敗を追いかける――学力テスト、小中一貫、学校統廃合の全体像』花伝社、2015年。『小中一貫教育の実証的検証――心理学による子ども意識調査と教育学による一貫校分析』（共編著）花伝社、2021年、『学校統廃合を超えて――持続可能な学校と地域づくり』（共編著）自治体研究社、2022年、など。

尾林芳匡（おばやし　よしまさ）
八王子合同法律事務所弁護士
自治体の民営化、アウトソーシング関連著作多数。

主な著作

『自治体民営化のゆくえ――公共サービスの変質と再生』自治体研究社、2020年、『水道の民営化・広域化を考える［第3版]』（共編著）自治体研究社、2020年、『行政サービスのインソーシング―「産業化」の日本と「社会正義」のイギリス―』（共著）自治体研究社、2021年、など。

学校統廃合と公共施設の複合化・民営化
―PPP/PFIの実情―

2024年3月1日　　初版第1刷発行

著　者　山本由美・尾林芳匡

発行者　長平　弘

発行所　株式会社　自治体研究社
〒162-8512 東京都新宿区矢来町123 矢来ビル4F
TEL：03・3235・5941／FAX：03・3235・5933
http://www.jichiken.jp/
E-Mail：info@jichiken.jp

ISBN978-4-88037-761-2 C0036

印刷所・製本所：モリモト印刷株式会社
DTP：赤塚　修

自治体研究社 ───────────────

学校統廃合を超えて
──持続可能な学校と地域づくり

山本由美・平岡和久編著 　　定価 2750 円

公共施設の再編政策で学校の統廃合が強引に進められている。効率と産業化を検証し、子ども、学校、地域を守る各地の取り組みを紹介。

自治体民営化のゆくえ
──公共サービスの変質と再生

尾林芳匡著 　　定価 1430 円

自治体民営化はどこに向かっていくのか。役所の窓口業務、図書館をはじめ公共施設の実態、そして医療、水道、保育の現状をつぶさに検証。

感染症と教育
──私たちは新型コロナから何を学んだのか

朝岡幸彦・水谷哲也・岡田知弘編著 　　定価 2530 円

新型コロナ感染症とは何だったのか。コロナへの対応を時系列で跡づけて教育学、ウイルス学、地域経済学、地方自治、法学等の観点から検討。

「学び」をとめない自治体の教育行政
[コロナと自治体 5]

朝岡幸彦・山本由美編著 　　定価 1430 円

コロナ禍、どう感染リスクを減らして教育・学習を継続するかが問われている。学校・公民館などの工夫と挑戦を紹介し、米国の事例を報告。

公共サービスの産業化と地方自治
──「Society 5.0」戦略下の自治体・地域経済

岡田知弘著 　　定価 1430 円

公共サービスから住民の個人情報まで、公共領域で市場化が強行されている。変質する自治体政策や地域経済に自治サイドから対抗軸を示す。